GRANDS RECORDS ET PETITES ANECDOTES DES J.O.

À Zoé, Juliette et Baptiste

Conforme à la loi n° 49-956 du 16 juillet 1949 sur les publications destinées à la jeunesse.

ISBN : 978-2-7324-7757-2

Dépôt légal : mai 2016

www.lamartinierejeunesse.fr - www.lamartinieregroupe.com

GRANDS RECORDS

ET PETITES ANECDOTES DES J.O.

BENOÎT KERJEAN
JEAN-LUC LABOURDETTE

De La Martinière

SOMMAIRE

LES JEUX OLYMPIQUES

La date officielle de la création des Jeux antiques est fixée à 776 av. J-C. Mais la tradition rapporte qu'en 884 av. J-C, le roi Iphitos organise des compétitions sportives dédiées aux dieux, appelées Jeux athlétiques, dans le but d'apaiser les tensions entre les différentes cités grecques, souvent en guerre entre elles. Il charge la ville d'Olympie d'accueillir ces Jeux, qui constituent un temps de trêve sacrée, tous les 4 ans. Ils vont durer 11 siècles, jusqu'à ce que l'empereur byzantin Théodose Ier y mette fin en l'an 393 apr. J-C.
Pierre de Coubertin est très féru de culture antique et veut promouvoir les valeurs du sport. Il a tous ces glorieux récits en tête quand il a l'idée de restaurer ces Jeux anciens et il souhaite qu'une ville différente à travers le monde organise cette manifestation tous les 4 ans. La tradition se perpétue. Les 1ers Jeux de l'ère moderne se tiennent, comme il se doit, dans le pays d'origine de l'olympisme, la Grèce.

1896. ATHÈNES

Les 1ers Jeux de l'époque moderne se déroulent du 6 au 15 avril.

14 nations. 245 participants, tous masculins.

9 sports et 43 épreuves. Au programme : athlétisme, cyclisme, escrime, gymnastique, haltérophilie, lutte, natation, tennis, tir. Malheureusement, les épreuves de 2 autres sports, l'aviron et la voile, doivent être annulées à cause des mauvaises conditions météorologiques.

Le 1er champion olympique des JO modernes est l'Américain James Connolly, vainqueur au triple saut.

Pour marquer l'importance de l'événement, des timbres représentant les différents sports olympiques sont édités.

LE PLUS MÉDAILLÉ : l'Allemand Hermann Weingärtner, en gymnastique artistique : 3 médailles d'or (barre fixe en individuel et par équipe, barres parallèles), 2 d'argent (anneaux, cheval-d'arçons), 1 de bronze (saut de cheval).

1900. PARIS

Les Jeux se déroulent du 14 mai au 28 octobre, en même temps que l'Exposition universelle de Paris. Certains concurrents ne savent pas vraiment qu'ils concourent dans le cadre des JO.

24 nations. 1 225 participants, dont 19 femmes.

19 sports et 86 épreuves. De nouveaux sports au programme : aviron, cricket, croquet, équitation, football, golf, pelote basque, polo, rugby, tir à l'arc, voile et water-polo. Certaines épreuves inhabituelles (saut en longueur ou en hauteur à cheval, course d'obstacles en natation) ne survivront pas à cette manifestation. 2 sports ouverts aux femmes : le tennis et le golf.

La 1re femme championne olympique est la Britannique Charlotte Cooper, au tennis.

LE PLUS MÉDAILLÉ : l'Américain Alvin Kraenzlein, en athlétisme : 4 médailles d'or (110 m haies, saut en longueur, 200 m haies, 60 m).

1904. SAINT-LOUIS

Les Jeux se déroulent du 1er juillet au 23 novembre. La ville de Chicago est d'abord retenue, mais le président des États-Unis, Theodore Roosevelt, souhaite que les Jeux soient organisés dans le Missouri, pour leur donner plus de retentissement dans le cadre de l'Exposition universelle de Saint-Louis, comme à Paris.

12 nations. 617 participants, dont 8 femmes. Beaucoup d'Européens n'ont pas fait le trajet, trop long et coûteux ! Un seul Français est présent : le marathonien Albert Corey qui vit en réalité à Chicago.

16 sports et 96 épreuves. La boxe, la nage sur le dos et le plongeon font leur apparition. En revanche, c'est la dernière pour le golf, qui ne figurera plus au programme olympique. Il va être réintroduit en 2016, à Rio. Le basket-ball, inventé aux États-Unis, est sport de démonstration.

C'est la 1re fois que des médailles sont distribuées aux lauréats.

LE PLUS MÉDAILLÉ : l'Américain Anton Heida, en gymnastique artistique : 5 médailles d'or (compétition par équipe, barre fixe, cheval-d'arçons, combiné 4 épreuves, saut de cheval), 1 d'argent (barres parallèles).

1908. LONDRES

Les Jeux se déroulent du 27 avril au 31 octobre, mais en 2 parties : été et automne. Les sports d'automne sont la boxe, le patinage, le tennis et les sports d'équipe.

22 nations. 2 035 participants, dont 35 femmes.

23 sports et 110 épreuves. Le hockey sur gazon fait une 1re apparition, ainsi que la crosse, le jeu de paume, le jeu de raquettes, le motonautisme et le patinage artistique, qui figurera aux Jeux d'hiver dès leur création en 1924. Les femmes peuvent s'inscrire au patinage, au tennis et au tir à l'arc. Le marathon trouve sa distance définitive : 42,195 km.

C'est la 1re fois que les athlètes défilent derrière leur drapeau. Il y a une seule délégation pour les lointains pays de la Couronne britannique, l'Australie et la Nouvelle-Zélande, sous la bannière de l'Australasie.

LE PLUS MÉDAILLÉ : le Britannique Henry Taylor, en natation : 3 médailles d'or (400 m nage libre, 1 500 m nage libre, 4 x 200 m nage libre).

1912. STOCKHOLM

Les Jeux se déroulent du 5 mai au 27 juillet.

28 nations. 2 547 participants, dont 57 femmes.

15 sports et 102 épreuves. C'est l'apparition des courses de relais, 4 x 100 m et 4 x 400 m. En revanche, la boxe et la lutte libre sont exclues du programme, ces sports étant interdits en Suède. Le pentathlon moderne est au programme officiel, ainsi que le concours complet d'équitation. 5 sports sont ouverts aux femmes, dont la natation pour la 1re fois.

Les juges des épreuves deviennent internationaux. Jusqu'ici, c'étaient les arbitres des nations organisatrices qui officiaient. 2 dispositifs sont mis en place pour éviter les contestations : la photo-finish et le chronométrage électronique.

LE PLUS MÉDAILLÉ : le Suédois Vilhelm Carlberg, au tir : 3 médailles d'or (30 m pistolet par équipe, 25 m petite carabine en individuel et par équipe), 2 d'argent (50 m pistolet par équipe, 50 m petite carabine par équipe).

1916. JEUX ANNULÉS

Les Jeux prévus à Berlin sont annulés à cause de la Première Guerre mondiale.

1920. ANVERS

Les Jeux se déroulent du 20 avril au 12 septembre.

29 nations. 2 669 participants, dont 78 femmes.

22 sports et 156 épreuves. La boxe fait son retour, ainsi que la lutte libre et l'haltérophilie. Le tir à l'arc fait sa dernière apparition, il ne reviendra qu'en 1972.

Les pays vaincus lors de la Première Guerre mondiale ne sont pas invités : Allemagne, Autriche, Bulgarie, Hongrie, Turquie.

Le drapeau olympique flotte pour la 1re fois, durant les JO, avec ses 5 anneaux, symboles des 5 continents. Les couleurs (bleu, jaune, noir, vert et rouge sur fond blanc) représentent les couleurs des drapeaux des nations. C'est aussi la 1re fois que le serment olympique, garant de l'équité entre compétiteurs, est prononcé à l'inauguration des Jeux.

LE PLUS MÉDAILLÉ : l'Américain Willis Lee, au tir : 5 médailles d'or (carabine libre par équipe, 300 + 600 m carabine libre couché par équipe, 50 m petite carabine par équipe, 600 m carabine libre par équipe, 300 m carabine libre couché par équipe), 1 d'argent (300 m carabine libre debout par équipe), 1 de bronze (100 m tir au cerf courant coup simple par équipe).

1924. PARIS

Les Jeux se déroulent du 4 mai au 27 juillet.

44 nations. 3 092 participants, dont 136 femmes.

19 sports et 126 épreuves. Pour la 1re fois, les épreuves de natation se déroulent dans un bassin couvert. La finale de rugby entre États-Unis et France est très violente, au point que les officiels décident d'exclure le rugby du programme. Le rugby à XV ne reviendra pas. C'est le rugby à VII qui figurera au programme de 2016, à Rio. C'est aussi la fin du tennis comme sport olympique, il faudra attendre 1988 pour le voir réapparaître.

Les différentes délégations de sportifs sont logées dans le 1er village olympique, un peu rudimentaire, c'est vrai.

LE PLUS MÉDAILLÉ : le Finlandais Paavo Nurmi, en athlétisme : 5 médailles d'or (cross-country individuel et par équipe, 1 500 m, 5 000 m, 3 000 m par équipe).

1928. AMSTERDAM

Les Jeux se déroulent du 17 mai au 12 août.

46 nations. 3 014 participants, dont 290 femmes.

15 sports et 109 épreuves. L'athlétisme féminin fait ses 1ers pas : 100 m, 4 x 100 m, 800 m. Malheureusement, le malaise d'une concurrente à l'arrivée du 800 m contraint les officiels (machisme de l'époque oblige) à bannir toute distance supérieure à 200 m pour les épreuves féminines, les femmes étant considérées de constitution physique trop faible pour parcourir de longues distances. Il faut attendre 1960 pour revoir le demi-fond au programme féminin et 1984 pour le marathon.

Les pays vaincus, en particulier l'Allemagne, participent de nouveau aux Jeux.

Les Jeux renouent avec la tradition de la flamme olympique, qui brûle pour la 1ère fois durant les JO d'Amsterdam.

LE PLUS MÉDAILLÉ : le Suisse Georges Miez, en gymnastique artistique : 3 médailles d'or (compétition par équipe, concours multiple individuel, barre fixe), 1 d'argent (cheval-d'arçons).

1932. LOS ANGELES

Les Jeux se déroulent du 30 juillet au 14 août.

37 nations. 1 503 participants, dont 35 femmes.

15 sports et 116 épreuves. Le football américain est sport de démonstration, ce qui suspend le tournoi de foot pour ces JO.

La Californie est lointaine et le déplacement onéreux. Chacun essaie d'être inventif. Les Brésiliens viennent en bateau, avec une cargaison de café qu'ils revendent sur place, pour financer leur voyage.

Le podium à 3 marches fait son apparition, ainsi que la 1re mascotte des Jeux, le chien Smoky.

Plus de 100 000 personnes assistent au défilé des athlètes lors de la cérémonie d'ouverture, succès populaire garanti.

LA PLUS MÉDAILLÉE : l'Américaine Helene Madison, en natation : 3 médailles d'or (100 m nage libre, 400 m nage libre, 4 x 100 m nage libre).

1936. BERLIN

Les Jeux se déroulent du 1er au 16 août.

49 nations. 4 066 participants, dont 328 femmes.

21 sports et 129 épreuves. Le basket-ball fait son apparition, ainsi que les courses en ligne de canoë-kayak. Le handball est au programme de manière éphémère, il ne reviendra qu'en 1972.

C'est aussi le 1er relais de la flamme olympique, d'Olympie à Berlin, plus de 3 000 km.

Pendant qu'Hitler pavane durant les JO allemands, Barcelone fait îlot de résistance et organise des Jeux alternatifs. Mais la guerre d'Espagne est déclarée la veille de leur inauguration et ils sont annulés.

LE PLUS MÉDAILLÉ : l'Américain Jesse Owens, en athlétisme : 4 médailles d'or (100 m, 200 m, 4 x 100 m, saut en longueur).

1940. JEUX ANNULÉS

Les Jeux prévus à Tokyo puis Helsinki sont annulés à cause de la Seconde Guerre mondiale.

1944. JEUX ANNULÉS

Les Jeux prévus à Londres sont annulés à cause de la Seconde Guerre mondiale.

1948. LONDRES

Les Jeux se déroulent du 29 juillet au 14 août.

59 nations. 4 099 participants, dont 385 femmes.

19 sports et 136 épreuves. Les sports en démonstration : la gymnastique suédoise et la crosse.

Quelques États du bloc communiste participent, mais pas l'URSS (la Russie est absente depuis la révolution de 1917).

La principale innovation technique est le starting-block, une aide appréciable pour les sprinters.

LA PLUS MÉDAILLÉE : la Néerlandaise Fanny Blankers-Koen, en athlétisme : 4 médailles d'or (100 m, 200 m, 4 x 100 m, 80 m haies).

1952. HELSINKI

Les Jeux se déroulent du 19 juillet au 3 août.

69 nations. 4 925 participants, dont 518 femmes.

19 sports et 149 épreuves. Sports en démonstration : le rugby-foot et le base-ball finnois, ainsi que la natation synchronisée.

C'est la 1re participation d'Israël et de l'URSS. Les Soviétiques exigent un village olympique séparé pour leurs athlètes.

LE PLUS MÉDAILLÉ : le Russe Viktor Tchoukarine, en gymnastique artistique : 4 médailles d'or (compétition par équipe, concours multiple individuel, cheval-d'arçons, saut de cheval), 2 d'argent (anneaux, barres parallèles).

1956. MELBOURNE

Les Jeux se déroulent du 22 novembre au 8 décembre, pendant l'été de l'hémisphère Sud.

72 nations. 3 314 participants, dont 376 femmes.

17 sports et 151 épreuves. Sports de démonstration : le base-ball et le football australien. La nage papillon fait son apparition au programme de natation.

À cause des règles sanitaires propres à l'Australie, relatives à l'entrée des animaux (quarantaine de 6 mois), les épreuves d'équitation ont lieu à Stockholm du 10 au 17 juin 1956.

L'innovation technique de ces Jeux est l'utilisation de nouveaux matériaux, en particulier de la fibre de verre au saut à la perche.

Ces Jeux sont l'occasion des 1ers boycotts : l'Espagne, les Pays-Bas et la Suisse pour protester contre l'invasion soviétique en Hongrie, l'Égypte, l'Irak et le Liban pour dénoncer la présence d'Israël, et la Chine qui quitte l'Australie quand les officiels hissent le drapeau de Taïwan.

LA PLUS MÉDAILLÉE : la Hongroise Agnes Keleti, en gymnastique artistique : 4 médailles d'or (barres asymétriques, poutre, sol individuel et par équipe), 2 d'argent (compétition par équipe, concours multiple individuel).

1960. ROME

Les Jeux se déroulent du 25 août au 11 septembre.

83 nations. 5 338 participants, dont 611 femmes.

17 sports et 150 épreuves. Le relais 4 x 100 m nage libre entre au programme de natation.

C'est la dernière participation de l'Afrique du Sud avant une longue éclipse : à cause de sa politique d'apartheid, le pays ne reviendra aux JO qu'en 1992.

100 chaînes de télévision sont sur place. 100 millions de téléspectateurs peuvent suivre les épreuves en Eurovision.

LE PLUS MÉDAILLÉ : le Russe Boris Shakhlin, en gymnastique artistique : 4 médailles d'or (concours multiple individuel, barres parallèles, cheval-d'arçons, saut de cheval), 2 d'argent (compétition par équipe, anneaux), 1 de bronze (barre fixe).

1964. TOKYO

Les Jeux se déroulent du 10 au 24 octobre.

94 nations. 5 140 participants, dont 683 femmes.

19 sports et 163 épreuves. Apparition du judo et du volley-ball. Ce sont les dernières courses sur une piste en cendrée.

La flamme olympique est allumée par Yoshinori Sakai, né le jour du bombardement d'Hiroshima.

LE PLUS MÉDAILLÉ : l'Américain Don Schollander, en natation : 4 médailles d'or (100 m nage libre, 400 m nage libre, 4 x 100 m nage libre, 4 x 200 m nage libre).

1968. MEXICO

Les Jeux se déroulent du 12 au 27 octobre. C'est la 1re fois que les JO ont lieu en altitude (2 240 m).

113 nations. 5 516 participants, dont 781 femmes.

18 sports et 172 épreuves. Sport en démonstration : la pelote basque, le tennis et, une nouvelle fois, la natation synchronisée.

Les 1ers contrôles antidopage se mettent en place pour les vainqueurs. Le 1er et seul disqualifié est un pentathlonien suédois, Hans-Gunnar Liljenwall, pour un taux excessif d'alcool.

Ce sont les débuts du chronométrage électronique.

LA PLUS MÉDAILLÉE : la Tchécoslovaque Vera Caslavska, en gymnastique artistique : 4 médailles d'or (concours multiple individuel, barres asymétriques, saut de cheval, sol), 2 d'argent (compétition par équipe, poutre).

1972. MUNICH

Les Jeux se déroulent du 16 août au 10 septembre.

121 nations. 7 123 participants, dont 1 058 femmes.

21 sports et 195 épreuves. C'est le retour du tir à l'arc et du handball, et une fugace apparition du slalom en eaux vives en canoë-kayak.

Dans la nuit du 4 au 5 septembre, un commando de Palestiniens, répondant au nom de « Septembre noir », pénètre dans l'appartement de la délégation israélienne dans le village olympique, tue 2 sportifs et prend 9 otages. De longues heures plus tard, ils demandent qu'un avion soit mis à leur disposition. À l'aéroport, c'est un carnage quand la police ouvre le feu : les terroristes exécutent leurs otages et tuent un policier, avant que 5 d'entre eux ne soient abattus. Après un jour de deuil, les compétitions reprennent.

LE PLUS MÉDAILLÉ : l'Américain Mark Spitz, en natation : 7 médailles d'or (100 m et 200 m papillon, 100 m et 200 m nage libre, 4 x 100 m 4 nages, 4 x 100 m et 4 x 200 m nage libre).

1976. MONTRÉAL

Les Jeux se déroulent du 17 juillet au 1er août.

92 nations. 6 028 participants, dont 1 247 femmes.

21 sports et 198 épreuves. Les femmes sont autorisées à pratiquer l'aviron, le basket-ball et le handball.

Les pays africains refusent de participer à cause de la présence de la Nouvelle-Zélande, qui a envoyé son équipe de rugby affronter les Springboks en Afrique du Sud, pays de l'apartheid.

LE PLUS MÉDAILLÉ : le Russe Nikolai Andrianov, en gymnastique artistique : 4 médailles d'or (concours multiple individuel, anneaux, saut de cheval, sol), 2 d'argent (compétition par équipe, barres parallèles), 1 de bronze (cheval-d'arçons).

1980. MOSCOU

Les Jeux se déroulent du 19 juillet au 3 août.

81 nations. 5 217 participants, dont 1 125 femmes.

21 sports et 203 épreuves. Les femmes peuvent désormais pratiquer le hockey sur gazon.

L'invasion de l'Afghanistan par les Soviétiques en 1979 provoque le boycott des États-Unis, imités par une cinquantaine de pays, dont toutes les grandes nations de confession musulmane.

LE PLUS MÉDAILLÉ : le Russe Alexander Dityatin, en gymnastique artistique : 3 médailles d'or (compétition par équipe, concours multiple individuel, anneaux), 4 d'argent (barre fixe, barres parallèles, cheval-d'arçons, saut de cheval), 1 de bronze (sol).

1984. LOS ANGELES

Les Jeux se déroulent du 28 juillet au 12 août.

140 nations. 6 797 participants, dont 1 566 femmes.

21 sports et 221 épreuves. Les femmes peuvent courir le marathon, pratiquer le cyclisme sur route et le tir. Sont inscrites au programme la gymnastique rythmique et sportive (GRS) et la natation synchronisée. La planche à voile fait aussi son apparition. Les joueurs professionnels peuvent intégrer les équipes de football nationales s'ils n'ont pas disputé de Coupe du monde. Sports en démonstration : tennis et base-ball.

L'URSS et 14 autres pays du bloc communiste boycottent ces Jeux, craignant pour la sécurité de leurs ressortissants (les campagnes anticommunistes sont virulentes) et en réponse à l'absence des États-Unis à Moscou, en 1980.

Pour la 1re fois, ce n'est pas un gouvernement qui finance une grande partie des Jeux, mais des entreprises privées qui sponsorisent toute l'organisation.

LA PLUS MÉDAILLÉE : la Roumaine Ecaterina Szabo, en gymnastique artistique : 4 médailles d'or (compétition par équipe, poutre, saut de cheval, sol), 1 d'argent (concours multiple individuel).

1988. SÉOUL

Les Jeux se déroulent du 17 septembre au 2 octobre.

159 nations. 8 465 participants, dont 2 186 femmes.

23 sports et 237 épreuves. Apparition du tennis de table et retour du tennis au programme olympique. Les sports en démonstration sont le taekwondo, le base-ball et le badminton.

Lors de l'inauguration, le lâcher de colombes a lieu. Malheureusement, les oiseaux se posent au bord de la vasque. Quand on allume la flamme olympique, ils périssent carbonisés. Depuis, il n'y a plus de lâcher de colombes aux JO.

La Corée du Nord, ennemie de Séoul depuis la partition du pays, boycotte les Jeux. Par solidarité, Cuba, l'Éthiopie et le Nicaragua ne viennent pas non plus en Corée du Sud.

LA PLUS MÉDAILLÉE : l'Allemande Kristin Otto, en natation : 6 médailles d'or (50 m et 100 m nage libre, 100 m papillon, 100 m dos, 4 x 100 m nage libre, 4 x 100 m 4 nages).

1992. BARCELONE

Les Jeux se déroulent du 25 juillet au 9 août.

169 nations. 9 344 participants, dont 2 708 femmes.

25 sports et 257 épreuves. Apparition du base-ball et du badminton au programme olympique, ainsi que des compétitions féminines de judo. C'est le retour du slalom en canoë-kayak. Les sports de démonstration sont le beach-volley, la pelote basque, le rink hockey et le taekwondo. Les joueurs professionnels débarquent, en particulier au basket-ball avec la « Dream Team » américaine, c'est la fin de l'amateurisme. En football, les joueurs pro doivent avoir moins de 23 ans.

L'Afrique du Sud réintègre les JO après les changements politiques du pays.

La chute du mur de Berlin en 1989 bouleverse la géopolitique. Les 2 Allemagnes (RDA et RFA) défilent unifiées sous un même drapeau. Les anciennes nations soviétiques sont regroupées sous le maillot de la CEI (Communauté des États indépendants).

Ce sont les 1ers Jeux sans boycott depuis 20 ans.

LE PLUS MÉDAILLÉ : le Biélorusse Vitaly Scherbo, en gymnastique artistique : 6 médailles d'or (concours multiple individuel, compétition par équipe, anneaux, barres parallèles, cheval-d'arçons, saut de cheval).

1996. ATLANTA

Les Jeux se déroulent du 19 juillet au 4 août, dans la ville qui est le siège de Coca-Cola, et non à Athènes qui avait été pressentie pour la tenue du centenaire des JO.

197 nations. 10 320 participants, dont 3 523 femmes.

26 sports et 271 épreuves. Apparition du beach-volley, du softball et du VTT, ainsi que du football féminin. Les professionnels sont admis dans les épreuves cyclistes et les équipes de foot peuvent aligner 3 joueurs pro sans limite d'âge.

Un attentat vient ternir l'ambiance de ces Jeux. Il a lieu le 27 juillet dans le parc olympique, une bombe artisanale explose, faisant 2 morts et 110 blessés.

79 pays différents remportent une médaille durant ces Jeux, c'est un record !

LA PLUS MÉDAILLÉE : l'Américaine Amy Van Dyken, en natation : 4 médailles d'or (50 m nage libre, 100 m papillon, 4 x 100 m nage libre, 4 x 100 m 4 nages).

2000. SYDNEY

Les Jeux se déroulent du 15 septembre au 1er octobre.

199 nations. 10 651 participants, dont 4 069 femmes.

28 sports et 300 épreuves. Apparition du taekwondo et du triathlon, ainsi que du plongeon synchronisé, du trampoline, du keirin en cyclisme, ou bien du 49er en voile. Des disciplines s'ouvrent enfin aux femmes : l'haltérophilie et le pentathlon moderne, ainsi que le lancer du marteau, le saut à la perche ou encore le water-polo.

80 pays sont médaillés.

LE PLUS MÉDAILLÉ : l'Australien Ian Thorpe, en natation : 3 médailles d'or (400 m nage libre, 4 x 100 m et 4 x 200 m nage libre), 2 d'argent (200 m nage libre, 4 x 100 m 4 nages).

2004. ATHÈNES

Les Jeux se déroulent du 13 au 29 août.

201 nations. 10 625 participants, dont 4 329 femmes.

28 sports et 301 épreuves. La lutte féminine est au programme pour la 1re fois.

Le lancer du poids se dispute dans le stade où se déroulaient les Jeux antiques à Olympie.

LE PLUS MÉDAILLÉ : l'Américain Michael Phelps, en natation : 6 médailles d'or (100 m et 200 m papillon, 200 m et 400 m 4 nages, 4 x 100 m 4 nages, 4 x 200 m nage libre), 2 de bronze (200 m nage libre, 4 x 100 m nage libre).

2008. PÉKIN

Les Jeux se déroulent du 8 au 24 août.

204 nations. 10 942 participants, dont 4 637 femmes.

28 sports et 302 épreuves. Le cyclisme ajoute le BMX à ses épreuves, la natation, une course longue distance en eau libre de 10 km, et l'athlétisme, le 3 000 m steeple féminin. Quelques programmes sont modifiés, surtout dans les compétitions par équipe. Le sport de démonstration est le wushu (kung-fu traditionnel).

La cérémonie d'ouverture a lieu le 08/08 à 8 h 08 du soir, le 8 étant signe de prospérité en Chine.

86 pays reviennent médaillés. Pour la 1re fois, la Chine termine en tête du palmarès.

LE PLUS MÉDAILLÉ : l'Américain Michael Phelps, en natation : 8 médailles d'or (100 m et 200 m papillon, 200 m et 400 m 4 nages, 200 m nage libre, 4 x 100 m 4 nages, 4 x 100 m et 4 x 200 m nage libre).

2012. LONDRES

Les Jeux se déroulent du 27 juillet au 12 août.

204 nations. 10 568 participants, dont 4 676 femmes.

26 sports et 302 épreuves. 2 sports sont exclus du programme : le base-ball et le softball. La boxe est le dernier sport à se féminiser.

Le seul pays qui n'a jamais envoyé d'athlètes aux JO est le Vatican.

LE PLUS MÉDAILLÉ : l'Américain Michael Phelps, en natation : 4 médailles d'or (100 m papillon, 200 m 4 nages, 4 x 200 m nage libre, 4 x 100 m 4 nages), 2 d'argent (200 m papillon, 4 x 100 m nage libre).

2016. RIO

Les Jeux vont se dérouler du 5 au 21 août.

206 nations. 10 500 participants environ sont attendus. Le CIO a décidé la création d'une équipe sous la bannière olympique destinée à accueillir les sportifs réfugiés.

28 sports et 306 épreuves. Apparition du rugby à VII et retour du golf au programme olympique.

C'est la 1re fois que les Jeux sont organisés en Amérique du Sud. Les différentes épreuves se dérouleront dans 33 lieux, situés dans 4 quartiers : Copacabana, Maracana, Barra et Deodoro.

Attention ! Il y a 5 h de décalage avec la France. Les finales qui démarrent vers 22 h, heure locale, seront télévisées vers 3 h du matin, heure française.

En 2012, la France a obtenu 35 médailles : 11 en or, 11 en argent et 13 en bronze. Le climat brésilien lui sera-t-il plus favorable ?

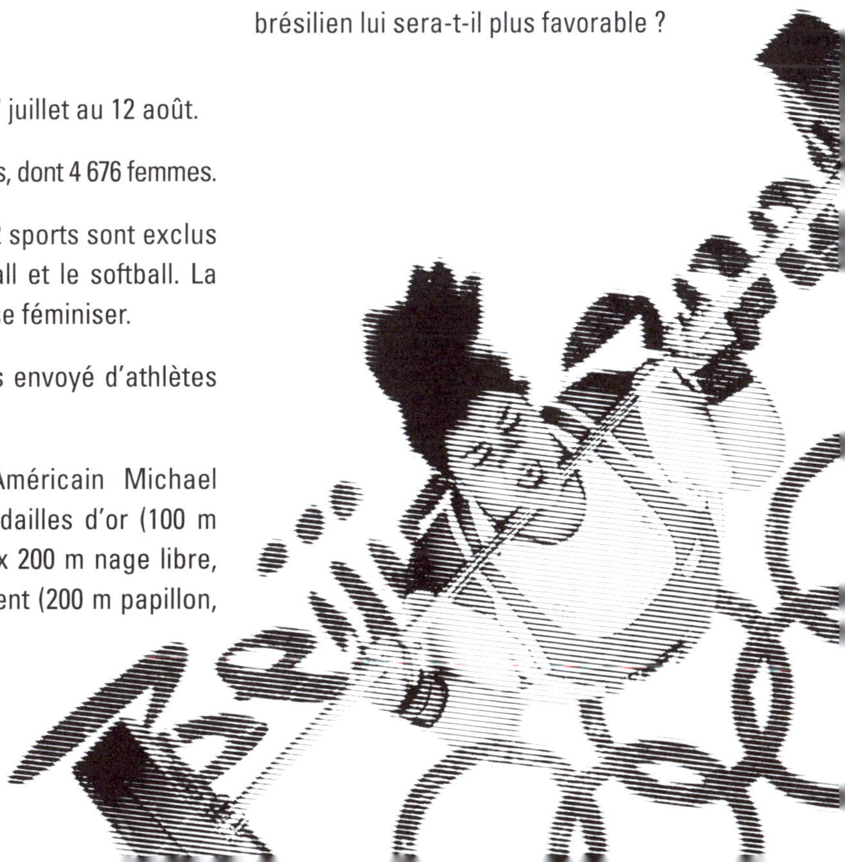

LÉGENDE DES RECORDS

RO ♂ : record olympique masculin

RO ♀ : record olympique féminin

RM ♂ : record du monde masculin

RM ♀ : record du monde féminin

LES JEUX OLYMPIQUES D'HIVER

En 1901 se tiennent en Suède les 1ers Jeux nordiques, organisés par un ami de Pierre de Coubertin, le général Viktor Balk. Ils deviennent périodiques, à l'image des Jeux olympiques modernes. Les liens amicaux entre les deux hommes les obligent à respecter le territoire de chacun. Mais la pression des pays participant aux JO est tellement forte que le Comité olympique accepte de tester une semaine internationale des sports d'hiver à Chamonix en 1924. C'est un tel succès que le CIO franchit le pas et décide de créer ses propres Jeux d'hiver, au détriment des Jeux nordiques, considérant la compétition de 1924 comme la 1re édition. Ils se tiennent tous les 4 ans, la même année que les JO d'été jusqu'en 1992. À compter de 1994, les JO d'hiver continuent de se tenir tous les 4 ans, mais en décalage de 2 ans avec les JO d'été.

En 2014, les JO d'hiver ont lieu en Russie, à Sotchi. Près de 2 900 concurrents s'affrontent, représentant 88 nations. Ceux de 2018 se tiendront à Pyeongchang, en Corée du Sud. Puis, en 2022, ils seront accueillis par Pékin.

LES JO D'HIVER COMPORTENT 98 ÉPREUVES, RÉPARTIES EN 7 SPORTS :

Le biathlon, qui combine ski nordique et tir à la carabine.

Le bobsleigh, course de vitesse sur une piste de glace où l'engin file à près de 140 km/h, et le skeleton, où les concurrents descendent à plat ventre sur une planche.

Le curling, sport d'origine écossaise où un joueur lance une pierre ronde sur la glace tandis que ses équipiers frottent la piste avec des balais pour influer sur sa trajectoire et l'approcher au plus près de la cible à atteindre.

Le hockey sur glace, sport d'équipe d'origine canadienne, où les joueurs munis de patins à glace et d'une crosse tâchent de marquer des buts.

La luge, fini le jeu d'enfants, il faut être téméraire pour avaler les 10 virages de la descente !

Le patinage, dans ses 2 variantes, patinage de vitesse et patinage artistique.

Le ski, dans toutes ses composantes : ski alpin, ski de fond, ski acrobatique, saut à ski, combiné nordique, et même le snowboard.

La Norvège est la nation ayant remporté le plus grand nombre de médailles : 331 au total (118 en or, 113 en argent et 100 en bronze). Viennent ensuite l'Allemagne et les États-Unis.

LES JEUX OLYMPIQUES DE LA JEUNESSE

C'est à l'initiative du Comité international olympique et de son président de l'époque, Jacques Rogge, que ces JOJ sont créés, sur le modèle des JO pour les adultes, alternant aussi Jeux d'été et Jeux d'hiver. Ils sont réservés aux jeunes athlètes de 14 à 18 ans, répartis en 2 catégories d'âge : 14-16 ans et 17-18 ans.

Les 1ers JOJ d'été démarrent en 2010, à Singapour. En 2014, ils sont organisés en Chine, à Nankin. Ils auront lieu en 2018 en Argentine, à Buenos Aires. Les sports sont les mêmes que pour leurs aînés. À Nankin, 3 200 athlètes de 204 pays concourent dans 222 épreuves (306 pour les adultes à Rio).

La Chine obtient 51 médailles, dont 30 en or, en 2010. En 2014, c'est le même pays qui arrive en tête avec 65 médailles, dont 38 en or.

Les 1ers JOJ d'hiver ont lieu à Innsbruck, en Autriche, en 2012. En 2016, ils se tiennent en Norvège, à Lillehammer. En 2020, ce sera le tour de Lausanne, en Suisse. Les JOJ accueillent un millier de concurrents durant 9 jours de compétition. Les disciplines sportives sont identiques à celles de leurs aînés, mais avec seulement 70 épreuves, au lieu de 98 pour les adultes, et 71 nations y participent en 2016.

En 2012, l'Allemagne prend la tête avec 17 médailles, dont 8 en or. Le Maroc remporte la 1re médaille d'or africaine dans un sport d'hiver.

LES JEUX PARALYMPIQUES

Créés en 1960 pour l'édition d'été et en 1976 pour celle d'hiver, les Jeux paralympiques permettent à des athlètes handicapés physiques, amputés, malvoyants, non-voyants ou présentant un handicap mental ou psychique de participer aux olympiades les plus célèbres au monde.

Les Jeux paralympiques trouvent leur origine en 1948, en Angleterre. Un médecin, sir Ludwig Guttmann, organise une compétition sportive en fauteuil roulant. Il souhaite redonner goût à la vie aux blessés de la Seconde Guerre mondiale devenus paraplégiques (qui ont perdu l'usage de leurs jambes) en les faisant participer à des épreuves sportives. « Paralympique » est ainsi une combinaison de « paraplégique » et d'« olympique ».

Organisés tous les 4 ans, ils se déroulent, depuis 2008, quelques jours après les Jeux olympiques. À leur création, les Jeux paralympiques réunissent à Rome 400 athlètes de 23 pays qui concourent dans 8 sports différents. En 2016, 22 sports sont inscrits au programme, pour 528 épreuves. Il y aura 4 350 sportifs venant de 176 pays.

Les États-Unis sont les plus médaillés aux Jeux d'été avec 2 066 médailles, dont 731 en or. La France occupe la 6e place du classement avec 1 011 médailles, dont 338 en or.

LES SPORTS EN 2016 : athlétisme, aviron, basket-ball en fauteuil roulant, boccia, canoë, cyclisme (sur piste et sur route), équitation, escrime en fauteuil roulant, football à 5, football à 7, force athlétique, goalball, judo, natation, rugby en fauteuil roulant, tennis de table, tennis en fauteuil roulant, tir, tir à l'arc, triathlon, voile, volley-ball assis.

PLUS HAUT, PLUS

VITE, PLUS FORT

ATHLÉTISME

L'athlétisme est considéré comme le « sport roi » des Jeux olympiques. Présent depuis 1896 pour les hommes et depuis 1928 pour les femmes, il réunit aujourd'hui 47 épreuves : 24 masculines et 23 féminines. Seul le 50 km marche est réservé aux hommes. Elles se déroulent principalement dans le stade olympique où ont lieu les cérémonies d'ouverture et de clôture.

USA

PETIT ABCDAIRE DE L'ATHLÉTISME

A comme Appel : la chambre d'appel est la pièce dans laquelle sont réunis les athlètes environ 45 min avant le début de leur course ou de leur concours.

B comme Butoir : creux au pied du sautoir dans lequel vient s'appuyer et se bloquer la perche.

C comme Cloche : une cloche, actionnée par un officiel, retentit au passage du dernier tour dans les courses de demi-fond et de fond.

D comme DNF : cette indication figure dans les classements comme signe d'abandon (« Did Not Finish »).

E comme Épreuves combinées : l'heptathlon (7 épreuves : 100 m haies, 200 m, 800 m, longueur, hauteur, poids, javelot) et le décathlon (10 épreuves : 100 m, 400 m, 110 m haies, 1 500 m, longueur, hauteur, perche, poids, disque, javelot).

F comme Faux départ : départ effectué en avance par rapport au signal du starter. Depuis 2010, aucun faux départ n'est toléré dans les épreuves de sprint.

G comme Gagnant : ce sont les États-Unis qui ont remporté le plus de médailles en athlétisme : 767 (320 en or, 251 en argent et 196 en bronze).

H comme Hurdler : athlète pratiquant une course de haies rapide : 100 m haies, 110 m haies, ainsi que 400 m haies.

I comme Indoor : compétition en salle (par opposition au plein air, *outdoor*).

J comme Javelot : le poids de l'engin est de 800 g pour les hommes et de 600 g pour les femmes.

K comme Kenyans : ces coureurs, venus des hauts plateaux africains, ont révolutionné le demi-fond et le fond depuis leurs 1res victoires aux JO de Mexico, en 1968.

L comme Lièvre : souvent utilisé pour battre un record, il mène l'allure pendant la 1e partie de la course.

M comme Mordre la ligne : au saut en longueur, au triple saut ou dans les lancers, l'athlète ne peut aller au-delà d'une limite dans son élan, au risque d'être disqualifié. Pour les sauts, cette limite est symbolisée par de la plasticine sur laquelle on peut voir les traces de pointes.

N comme Nationalité : en cas de changement de nationalité (ou de double nationalité), l'athlète ne pourra représenter son nouveau pays qu'après un délai de 3 ans.

O comme Or : la médaille qui récompense le vainqueur doit comporter au moins 6 g d'or fin.

P comme Piste : la piste mesure 400 m de long et comporte généralement 8 couloirs matérialisés au sol. Au début, elle était en terre battue et herbe, voire sablonneuse, ensuite ce fut l'ère de la cendrée. Les 1res pistes synthétiques en tartan apparaissent aux JO de Mexico en 1968. Le caoutchouc remplace enfin le tartan à Montréal en 1976. Par convention, la piste est rouge, tout simplement parce que c'est la couleur qui résiste le plus au soleil.

Q comme Qualification : les athlètes ont un an et demi avant les Jeux pour réaliser des minima, fixés dans chaque spécialité par le CIO, pour pouvoir concourir.

R comme Rivière : obstacle composé d'une barrière et d'un bassin rempli d'eau au 3 000 m steeple. La « rivière » a une longueur de 3,66 m et une profondeur de 70 cm à l'aplomb de la barrière.

S comme Starting-block : mécanisme composé de 2 cales qui permet d'augmenter la puissance d'un sprinteur au départ d'une course. Il est utilisé pour la 1re fois en 1929 et autorisé aux JO en 1948.

T comme Témoin : nom du bâton, le plus souvent en aluminium, qui est transmis dans les courses de relais. 4 x 100 et 4 x 400 m font leur apparition aux Jeux de Stockholm en 1912.

U comme Urbain : comme l'est aujourd'hui le parcours du marathon. Ce ne fut pas toujours le cas. Au début des JO, le parcours était parfois redoutable dans la campagne, sur des chemins de terre où les véhicules d'accompagnement soulevaient la poussière. Les coureurs avaient un peu de mal à respirer !

V comme Vent : la vitesse du vent est mesurée à l'aide d'un anémomètre pendant les épreuves de sprint court, de saut en longueur ou de triple saut. Une vitesse supérieure à 2 m/s ne permet pas d'homologuer les records.

W comme Wagon : prendre le bon wagon, en demi-fond ou en fond, c'est se trouver en bonne place, surtout quand la course s'emballe.

X comme X : 10, c'est le nombre de haies du 100 m haies, du 110 m haies, ainsi que du 400 m haies.

Y comme Yard : le yard (= 0,9144 m) est l'unité de longueur anglaise utilisée lors des 1res courses organisées par des étudiants britanniques. Ainsi, le 110 m haies est l'héritier du 120 yards (109,7 m) et la distance entre les haies est de 9,14 m (10 yards). Ce n'est pas un hasard !

Z comme Zone de passage : zone de 20 m dans laquelle les coureurs de relais doivent passer leur témoin. Elle est matérialisée sur la piste par des traits jaunes pour le 4 x 100 m et des traits bleus pour le 4 x 400 m.

LE SPRINT

- 100 M, 200 M, 400 M, RELAIS -

La règle est simple pour les épreuves de sprint, qu'elles soient courtes (100 m, 200 m) ou longues (400 m) : il suffit d'être le plus rapide pour gagner, en respectant le couloir de course attribué à chacun et matérialisé au sol.
Pour les relais (4 x 100 et 4 x 400), le témoin doit être récupéré par le partenaire de course dans une zone de 20 m. Attention à bien prendre ses marques ou c'est l'élimination assurée si le « bâton » est passé hors zone.

100 M, 200 M, 4 x 100 M

ACCROUPI ?

L'Américain Thomas Burke est le 1er champion olympique du 100 m aux Jeux d'Athènes en 1896. Sur la ligne de départ, il utilise une technique particulière, alors inconnue en Europe, en s'accroupissant et en posant les mains au sol pour prendre son élan. Les spectateurs s'esclaffent, mais leur rire s'éteint quand il franchit la ligne en vainqueur 12 s plus tard.

LES ABSENTS ONT TOUJOURS TORT

En réalité, celui qui domine le sprint en cette fin de XIXe siècle se nomme Bernie Wefers, crédité d'un temps de 10 s 5. Malheureusement pour lui, dans cette période d'amateurisme, il ne peut pas participer à ces 1ers JO, les frais de déplacement à Athènes n'étant pas pris en charge par son université.

QUI COURT DÎNE

Le Britannique Harold Abrahams, dont le film *Les Chariots de feu* narre l'histoire, gagne la médaille d'or du 100 m le 7 juillet 1924 à 19 h, aux JO de Paris, devenant le 1er Européen à remporter une épreuve de sprint. Pour fêter dignement cet événement, il dînera jusqu'à sa mort avec son adversaire néo-zélandais, Arthur Porritt (qui deviendra gouverneur général de son pays dans les années 1960), le 7 juillet de chaque année à 19 h, dans un restaurant parisien, comme il se doit.

MIEUX VAUT ÊTRE MINCE...

Aux JO de 1932, à Los Angeles, 2 hommes très différents se retrouvent en finale olympique du 100 m. Il s'agit d'Eddie Tolan, de taille modeste (1,66 m) et un peu freluquet, surtout face au baraqué Ralph Metcalfe, impressionnant en comparaison (1,82 m pour 83 kg). Le petit sprinteur à lunettes a une mise en action très rapide et il se retrouve en tête aux 80 m. Mais c'est compter sans « l'Express de Marquette » (du nom de l'université en Caroline du Sud où il poursuit ses études) qui fait parler sa puissance dans les derniers mètres de la course. Ils franchissent la ligne ex aequo, battant ensemble le record du monde en 10 s 3. Impossible de les départager sur la photo d'arrivée. Le règlement de l'époque s'impose : la course est attribuée au 1er sprinteur dont le torse franchit entièrement la ligne. Eddie Tolan remporte la médaille d'or à cause de son physique, ce n'est pas courant !

PAS VEINARD, MAIS BEAU JOUEUR

La malchance de Metcalfe ne s'arrête pas là. En finale du 200 m, Tolan gagne, en 21 s 2, une 2e médaille d'or. Tout le monde s'étonne que son principal adversaire, pourtant crédité de temps plus rapides, n'arrive que 3e. Par la suite, les officiels s'aperçoivent que son couloir a été mal tracé et qu'il a dû parcourir 3 m de plus que les autres concurrents. Sportivement, Metcalfe refuse de faire une nouvelle course, déclarant simplement : « Tolan était plus fort que moi aujourd'hui. »

LA LÉGENDE DE JESSE

La légende de James Cleveland Owens, dit Jesse Owens, est née durant l'été 1936, aux JO de Berlin. Au total 4 médailles d'or (100 m, 200 m, longueur, 4 x 100 m), assorties de plusieurs records. Il égale le record du monde du 100 m (qui lui appartenait déjà) en quart de finale dans le temps de 10 s 2. Au 200 m, il s'impose en 20 s 7, nouveau record qui tiendra durant 15 ans. Il remporte le saut en longueur en dépassant les 8 m (8,06 m). Enfin, au relais 4 x 100 m, il descend, avec ses compères Metcalfe, Draper et Wykoff, le record du monde sous la barre des 40 s : 39 s 8.

SÉGRÉGATION

Le Président Roosevelt, préoccupé par sa réélection et en particulier par la réaction des États sudistes, refuse de recevoir Jesse Owens à la Maison Blanche. Une parade en son honneur a lieu devant l'hôtel Astoria à New York. Pour se rendre sur le balcon et recevoir l'ovation de la foule, le héros national de ces JO doit prendre le monte-charge, les ascenseurs étant réservés aux personnes de race blanche. Triste Amérique de la ségrégation raciale !

MOINS DE 10 S

Robert Lee Hayes, dit Bob Hayes, est surnommé « The Duck » en raison de son étrange façon de courir en canard. Cette attitude ne l'empêche pas d'être le 1er sprinteur à courir en moins de 10 s (9 s 9 en demi-finale) et de devenir médaillé d'or à Tokyo en 1964.

DÉNONCIATION

Sur le podium du 200 m olympique de 1968, les sprinteurs américains Tommie Smith (vainqueur en 19 s 83, record olympique) et John Carlos (3e) manifestent leur opposition à la politique de ségrégation dans leur pays. L'image de ces 2 hommes, poing levé ganté de noir, tête baissée durant l'hymne des États-Unis, va faire le tour du monde.

ÉLIMINÉS SANS COURIR

Les 2 favoris américains du 100 m des JO de Munich, Eddie Hart et Reynaud Robinson, regardent tranquillement dans leur chambre les épreuves du jour à la télé quand ils voient leurs concurrents sur la ligne de départ. Ils se sont trompés d'horaire, se fiant à un programme périmé. Ils sont éliminés, leur quart de finale ayant été couru sans eux. Aucun recours n'est possible et c'est le Russe Valeri Borzov qui empoche la médaille d'or en 10 s 14, temps largement à leur portée.

UN HOMME EN OR

Carl Lewis est le détenteur du plus grand nombre de médailles d'or individuelles en athlétisme : 7 médailles, dont 4 en longueur, un doublé 100 m-200 m en 1984 et à nouveau le 100 m en 1988. Sans compter les 2 glanées lors des relais, qui montent son total à 9 médailles en or !

COMMENT REMPORTER LE TITRE EN ARRIVANT 2e ?

Carl Lewis termine 2e du 100 m olympique de Séoul, en 1988. Le vainqueur, le Canadien Ben Johnson, en 9 s 79, est déchu de son titre 3 jours plus tard, convaincu de dopage aux stéroïdes. Lewis récupère la médaille d'or et devient le nouveau recordman olympique du 100 m, en 9 s 92.

100 m

9 s 63 RO ♂
par le Jamaïcain Usain Bolt (Londres, 2012)

RO ♀ **10 s 62**
par l'Américaine Florence Griffith-Joyner (Séoul, 1988)

9 s 58 RM ♂
par le Jamaïcain Usain Bolt (2009)

RM ♀ **10 s 49**
par l'Américaine Florence Griffith-Joyner (1988)

200 m

RO & RM ♀
21 s 34
par l'Américaine Florence Griffith-Joyner (Séoul, 1988)

RO ♂ **19 s 30**
par le Jamaïcain Usain Bolt (Pékin, 2008)

RM ♂ **19 s 19**
par le Jamaïcain Usain Bolt (2008)

PAS INSCRIT

Relevant d'une grave blessure, le sprinteur français Bruno Marie-Rose réalise les minima olympiques pour les JO de Barcelone à quelques jours de la clôture des inscriptions. Les dirigeants de l'équipe de France omettent de l'ajouter à la liste des athlètes olympiques, il ne pourra pas participer aux compétitions.

LE PLUS VIEUX SPRINTEUR

Le Britannique Linford Christie, déjà médaillé d'argent à Séoul en 1988, remporte le titre olympique du 100 m aux JO de Barcelone en 9 s 96 à l'âge de 32 ans. C'est le médaillé le plus âgé des Jeux. Présent en finale à Atlanta, en 1996, à 36 ans, il est disqualifié pour 2 faux départs. De rage, il jette ses pointes à la poubelle.

TRIPLE TRIPLÉ CHEZ LES CARIOCAS ?

Le Jamaïcain Usain Bolt est le 1er coureur à avoir réussi à gagner le triplé 100 m-200 m-4 x 100 m à 2 reprises, aux JO de Pékin en 2008 et aux JO de Londres en 2012. Un triplé inédit à Rio ?

VITESSE

Quand Usain Bolt bat le record du monde du 100 m en 9 s 58, sa vitesse est de 37,58 km/h. Son record au 200 m est de 19 s 19, soit 37,52 km/h !

LES DOUBLÉS MASCULINS

Les autres doublés 100 m-200 m de l'histoire des JO côté masculin : Archie Hahn en 1904, Ralph Craig en 1912, Percy Williams en 1928, Eddie Tolan en 1932, Jesse Owens en 1936, Bobby Morrow en 1956, Valeri Borzov en 1972, Carl Lewis en 1984.

LES DOUBLÉS FÉMININS

Fanny Blankers-Koen en 1948, Marjorie Jackson en 1952, Betty Cuthbert en 1956, Wilma Rudolph en 1960, Renate Stecher en 1972, Florence Griffith-Joyner en 1988, Marion Jones en 2000 (mais elle doit rendre ses médailles en 2007, convaincue de dopage).

LA HOLLANDAISE VOLANTE

À l'âge de 18 ans, Fanny Blankers-Koen participe aux JO de Berlin, en 1936, où elle atteint 2 finales. Elle croise la vedette des Jeux, Jesse Owens, à qui elle demande un autographe qu'elle conservera jusqu'à ses derniers jours. La guerre interrompt sa carrière athlétique. Mais elle est bien présente, 12 ans après, aux JO de Londres. Cette année 1948 va être faste avec 4 titres olympiques : 100 m, 200 m, 80 m haies et 4 x 100 m. Elle est élue en 1999 « athlète féminine du XXe siècle », ayant donné ses lettres de noblesse au sport féminin. Une statue est érigée à Amsterdam en son honneur.

LA GAZELLE NOIRE

Wilma Rudolph naît dans une famille pauvre du Tennessee. Prématurée, elle pèse à peine 2 kg et a une santé fragile. Elle contracte la poliomyélite et perd l'usage de sa jambe gauche. Grâce aux soins prodigués par sa famille, elle recommence à marcher et se lance dans le sport pour renforcer son corps. C'est efficace ! À 16 ans, elle se qualifie pour les JO de Melbourne, en 1956. Elle revient avec une médaille de bronze glanée dans le 4 x 100 m. Elle progresse à pas de géant. Celle qu'on surnomme la « Gazelle noire » à cause de son élégance remporte le 100 m des JO de Rome en 11 s 3, record olympique réalisé sur une piste en cendrée. Elle domine également le 200 m et réussit l'exploit de remonter toutes ses adversaires au relais 4 x 100 m pour empocher sa 3e médaille d'or en quelques jours. Ces Jeux en font une véritable star, tout le monde se presse pour la voir courir en Europe, un fan lui vole même ses chaussures à Berlin. Que de chemin parcouru pour cette petite fille handicapée !

4 x 100 m

36 s 84 RO & RM par la Jamaïque (Londres, 2012) ♂

40 s 82 RO & RM par les États-Unis (Londres, 2012) ♀

LA FASHIONISTA DU SPRINT

Florence Griffith-Joyner, la fantastique sprinteuse qui détient toujours le record olympique et le record du monde du 100 m féminin, ne passait pas inaperçue avec ses ongles peints de plus de 15 cm et ses excentriques tenues fluo.

LA REINE DE JAMAÏQUE

Merlene Ottey, toujours placée mais jamais gagnante, a obtenu 9 médailles aux JO entre 1980 et 1996 : 3 en argent et 6 en bronze, pas une seule en or.

QUE DE REGRETS !

Marion Jones connaît la gloire aux JO de Sydney, en 2000, en décrochant 5 médailles : 3 en or (100 m, 200 m et 4 x 400 m) et 2 en bronze (longueur et 4 x 100 m). Convaincue de dopage, elle se les verra retirer en 2007 suite à ses aveux.

À FOND !

39,09 km/h, c'est la vitesse à laquelle courent les 4 Jamaïcains lors de leur record aux JO de Londres, en 2012. Aucune équipe n'est jamais allée aussi vite sur un 4 x 100 m que celle composée de Nesta Carter, Michael Frater, Yohan Blake et Usain Bolt : 36 s 84, soit une moyenne de 9 s 21 par relayeur.

PLACE D'HONNEUR

Le 4 x 100 m français composé de Ronald Pognon, Pierre-Alexis Pessonneaux, Christophe Lemaître et Jimmy Vicaut a récupéré la médaille de bronze des JO de Londres, en 2012. Il bénéficie du déclassement de l'équipe américaine, dont un des membres, Tyson Gay, a été convaincu de dopage. C'est la 6e fois que la France monte sur le podium olympique dans cette discipline.

TÉMOIN GLISSANT ?

En 1936, à Berlin, les Allemandes engagées dans la finale du 4 x 100 m, qui ont établi le nouveau record du monde en séries, ont 10 m d'avance ! Mais la dernière relayeuse, Ilse Dörffeldt, laisse échapper le témoin. Les Américaines remportent la médaille d'or, l'équipe allemande est disqualifiée.

400 M, 4 X 400 M

LE COULOIR

Jusqu'en 1908, le 400 m se courait en ligne, sans couloirs. Cette année-là, aux JO, le Britannique Wyndham Halswelle gagne son ticket pour la finale en battant le record olympique en 48 s 4. Il y affronte 3 Américains. L'un d'entre eux, John Carpenter, le gêne volontairement et gagne l'épreuve. Les juges décident de faire recourir la finale et des couloirs, délimités par des cordes, sont installés pour éviter tout nouvel incident. Les concurrents américains boycottent la course en signe de protestation. Halswelle se retrouve seul sur la piste en raison du forfait des autres sprinteurs et empoche la médaille d'or. Depuis, le 400 m se court en couloir, comme toutes les épreuves de sprint.

JAMAIS LE DIMANCHE

L'Écossais Eric Liddell remporte la médaille d'or du 400 m en 1924. En raison de ses croyances religieuses, il n'a pas participé à la finale du 100 m, qui se court un dimanche et qui est remportée par Harold Abrahams. Un film, *Les Chariots de feu*, retrace cette épopée avec la musique enivrante de Vangelis.

DOSSARD 400

En finale des JO de Rome, en 1960, l'Américain Otis Davis est largement en tête de la course. Mais il craque dans la dernière ligne droite et l'Allemand Carl Kaufmann le remonte. Les 2 hommes franchissent la ligne d'arrivée dans le même geste, pulvérisant le record du monde et la barre mythique des 45 s, en 44 s 9. La photo-finish désigne Davis vainqueur. Normal, il porte le dossard n° 400 !

LE TRIPLÉ SOIXANTE-HUITARD

Aux JO de Mexico, les Américains Lee Evans (43 s 86) et Larry James (43 s 97) montent sur les 2 premières marches du podium en passant sous la barre des 44 s. Il faudra attendre 20 ans pour que ce record soit battu. Le 3e est Ron Freeman. C'est le 1er triplé américain sur 400 m depuis 1904. Inutile de préciser que le relais 4 x 400 m est prometteur : le record est battu en 2 min 56 s 16 (moyenne des relayeurs : 44 s), il tiendra 25 ans.

UNIS DANS L'ADVERSITÉ

Le Britannique Derek Redmond est le favori de sa demi-finale du 400 m des JO de Barcelone, en 1992. Malheureusement, son genou cède à la sortie du 1er virage. Il se relève, repousse les officiels qui viennent lui porter secours, il veut finir sa course. Il continue en boitillant sous les acclamations de la foule, qui admire le courage de l'athlète. Tout à coup, un homme saute sur la piste pour le soutenir et l'aider. C'est son père, qui l'accompagne jusqu'au bout dans cette épreuve.

LA LOCO DE WACO

La « Loco », c'est Michael Johnson de l'université Baylor de Waco, au Texas. Quadruple médaillé d'or aux JO, il est le 1er athlète masculin à réaliser le doublé 200 m-400 m, en 1996, à Atlanta. Lors de ces Jeux, il pulvérise le chrono : 19 s 32 au 200 (record mondial) et 43 s 49 au 400 (record olympique). Il passera sous la barre des 20 s au 200 m à 23 reprises, et autant de fois sous les 44 s au 400 m.

LES 4 ÉPREUVES

L'Australienne Betty Cuthbert est sacrée à Melbourne avec un triplé en or sur le sprint court : 100 m, 200 m et 4 x 100 m. En 1960, à Rome, elle est éliminée dès les séries sur 100 m. Elle jure de revenir, ce qui sera fait à Tokyo, en gagnant l'or sur 400 m. C'est la seule athlète, hommes et femmes confondus, à être titrée sur les 4 épreuves de sprint aux JO.

LA CHARENTAISE

Personne n'a vu venir son succès. Les temps de Colette Besson, cette Charentaise d'origine, sont modestes : elle est championne de France, mais n'a réalisé que 54 s 02. Les longues grèves de 1968 vont être profitables pour cette prof de gym. Pendant que son établissement est fermé, elle plante sa tente à Font-Romeu pour s'habituer à l'altitude de Mexico où vont avoir lieu les JO. Et elle s'entraîne de manière assidue. À tel point que le jour J, en finale, bien installée au couloir 5, la Française va doubler toutes ses concurrentes dans la ligne droite et remporter le 400 m, battant le record olympique en 52 s 03.

LE LONG RECORD

Marita Koch obtient le titre olympique à Moscou en 1980 puis établit, en 1985, le record du monde en 47 s 60. Plus de 30 ans que ce record tient ! Mais comme d'autres sportifs est-allemands, elle est soupçonnée d'avoir pris des produits dopants qui ternissent son exploit.

LE FAMEUX DOUBLÉ

La Guadeloupéenne Marie-José Pérec est une immense athlète aux 3 médailles d'or individuelles : elle gagne le 400 m à Barcelone en 1992 et réédite l'exploit en 1996 à Atlanta, battant le record olympique en 48 s 25. Personne n'a fait mieux depuis 20 ans. En pleine forme, elle réalise le doublé féminin 200 m-400 m, à l'instar de Michael Johnson. À Sydney, en 2000, elle ne participe pas aux courses auxquelles elle est inscrite, fuyant la pression des médias. C'est l'Australienne d'origine aborigène Cathy Freeman, sa dauphine à Atlanta, qui l'emporte.

4 x 400 M

RO ♂ 2 min 55 s 39
par les États-Unis (Pékin, 2008)

RM ♂ 2 min 54 s 29
par les États-Unis (1993)

RO & RM ♀ 3 min 15 s 17
par l'URSS (Séoul, 1988)

400 M

RO ♂ 43 s 49
par l'Américain Michael Johnson (Atlanta, 1996)

RM ♂ 43 s 18
par l'Américain Michael Johnson (1999)

RO ♀ 48 s 25
par la Française Marie-José Pérec (Atlanta, 1996)

RM ♀ 47 s 60
par l'Allemande Marita Koch (1985)

LES HAIES

- 100 M HAIES ♀, 110 M HAIES ♂ -

Dès 1850, des étudiants d'Oxford, en Angleterre, organisent des courses avec des obstacles à franchir, à l'instar des courses hippiques. La rivalité avec l'université de Cambridge et les joutes qui en découlent les obligent à codifier le parcours qui va mesurer 120 yards (109,72 m), avec 10 haies espacées de 10 yards (9,14 m) et 15 yards (13,72 m) avant la 1re haie et après la dernière. La hauteur des haies est toujours calculée à la mode anglaise : 1,067 m. Le système métrique finira par gagner : la longueur est désormais de 110 m pour les hommes, avec 14,02 m de la dernière haie à la ligne d'arrivée. Le nombre de haies renversées n'intervient plus dans le classement mais ralentit le concurrent qui trébuche.
Le 100 m haies féminin est au programme des JO depuis 1972, à Munich. Il a pris la suite du 80 m haies qui s'est disputé de 1932 à 1968. Les haies, d'une hauteur de 84 cm, sont au nombre de 10.

26 ANS

C'est la moyenne d'âge des 10 meilleurs athlètes mondiaux. Il faut du temps et de la pratique pour arriver à maîtriser la technique complexe de cette discipline.

FAIR-PLAY

En 1932, le 110 m haies voit une arrivée très serrée. Jack Keller est d'abord classé 3e, juste devant Finlay. Les 3 premières places aux Américains ! Mais la photo-finish révèle que Don Finlay est très légèrement devant. Keller remet lui-même sa médaille de bronze au Britannique.

CADEAU

Le Français Guy Drut obtient l'argent à Munich en 1972. Il gagne le titre à Montréal en 1976. Il offre sa médaille à la ville qui l'a vu naître, Oignies, dans le Pas-de-Calais. Pur hasard : il a vécu dans la même rue qu'un autre célèbre champion d'athlétisme, Michel Jazy.

PETER PAN, LE MAUDIT DES JO

C'est le surnom du Gallois Colin Jackson, un des plus grands hurdlers contemporains. Il domine la spécialité dans les années 1990. 2 fois champion du monde, il détient le record du monde durant 11 ans, mais n'arrive pas à obtenir la médaille d'or au cours des 4 JO auxquels il participe. À Séoul, en 1988, il termine 2e derrière l'Américain Roger Kingdom. En 1992, à Barcelone, il heurte une haie en demi-finale. Blessé, il ne termine que 7e de la finale. En 1996, à Melbourne, il domine les séries et finit 2e de sa demie derrière Allen Johnson. Un incident, pense-t-on, tellement la victoire lui est promise. Il loupe sa finale et finit 4e. À Sydney, en 2000, une blessure retarde sa préparation pour les JO. Il heurte violemment la 2e haie et termine 5e. Tous ses rêves de médaille d'or s'envolent après ce dernier échec.

QUAND LA CHINE S'ÉVEILLE

Liu Xiang vient d'annoncer sa retraite sportive en 2015. En Chine, c'est une véritable icône, le seul champion olympique d'athlétisme masculin. Il obtient son titre à Athènes en 2004, égalant le record du monde détenu par Colin Jackson. Ultrafavori devant son public à Pékin, en 2008, il ne peut même pas prendre le départ de la course, à cause d'une grave blessure au tendon d'Achille. À Londres, en 2012, il termine à cloche-pied son 1er parcours, à nouveau victime de la même blessure, faisant le désespoir de plus d'un milliard de Chinois.

FRANCE EN BRONZE

Les 2 médailles françaises obtenues au 100 m haies olympique : Michèle Chardonnet en 1984 et Patricia Girard-Léno en 1996.

110 m HAIES	100 m HAIES
RO ♂ **12 s 91** par le Chinois Liu Xiang (Athènes, 2004)	RO ♀ **12 s 35** par l'Australienne Sally Pearson (Londres, 2012)
RM ♂ **12 s 80** par l'Américain Aries Merritt (2012)	RM ♀ **12 s 21** par la Bulgare Yordanka Donkova (1988)

LES HAIES

- 400 M HAIES -

C'est une discipline, née également à Oxford, qui allie vitesse et technicité. Le parcours comporte 10 haies espacées de 35 m, d'une hauteur de 91 cm pour les hommes et de 76 cm pour les femmes. Le meilleur moyen pour passer les haies sans perdre de vitesse est de se caler sur une foulée régulière. La plupart des concurrents masculins démarrent leur 400 en 13 foulées et sont contraints, la fatigue aidant, d'adopter 14 foulées entre chaque obstacle à partir de la 6e haie. Le 400 m haies masculin apparaît aux JO dès 1900. La discipline devient olympique pour les femmes en 1984.

RUGBYMAN SUR LES HAIES

Géo André est un excellent trois-quarts aile de rugby à XV, il fait partie de l'équipe de France finaliste de ces JO de 1920, à Anvers. C'est aussi un bel athlète qui concourt au 400 m haies. En tête dans la ligne droite, il rate le podium dans le sprint final. Peut-être un peu fatigué après les placages ?

LE 1er DOUBLÉ

L'Américain Glenn Davis est le 1er coureur à descendre sous les 50 s. Pourtant, au départ il se dirige vers une carrière dans le football américain, mais une fracture de la clavicule va le détourner de ce sport. Il est très rapide (il finit 2e du 200 m aux championnats nationaux), il est résistant (il bat le champion olympique sur 400 m). Toutes ces qualités se combinent à merveille dans le 400 m haies, discipline dans laquelle il sera titré 2 fois, en 1956 et 1960. Plus un relais 4 x 400 et il cumule 3 médailles d'or.

LE TOUR D'HONNEUR

C'est le 1er médaillé de l'Ouganda et le 1er à passer sous la barre des 48 s. John Akii-Bua établit un nouveau record en 47 s 82, battant les favoris à Munich, en 1972. Il est tellement heureux qu'il ne peut s'arrêter et commence un tour du stade, tout sourire et simulant des franchissements de haie. Nombre d'athlètes ont ensuite entamé des tours d'honneur. Mais c'est bien lui qui a lancé cette tradition des vainqueurs.

VRAIMENT PAS DE BOL

Stéphane Diagana détient toujours le record d'Europe en 47 s 37. Mais les JO ne lui sourient pas. En 1996, une fracture de fatigue pendant sa préparation l'empêche d'aller défendre ses chances à Atlanta. En 2000, il est encore blessé. En 2004, il est obligé de renoncer, il n'est pas prêt. Il se venge en devenant champion du monde en 2007.

LE PHÉNOMÈNE

Un phénomène, cet Edwin Moses qui enchaîne 122 victoires consécutives sur la distance entre 1977 et 1987. Sa très longue foulée (2,60 m) lui permet de courir en 13 foulées et de détenir le record du monde pendant 16 ans. En 1976, il a à peine 20 ans quand il remporte la médaille d'or en établissant un nouveau record en 47 s 63. Après le boycott américain des JO de Moscou, il revient encore plus fort en 1984, où il gagne le titre. Il descend à 13 reprises sous les 47 s 50 et termine avec une médaille de bronze aux JO de 1988.

SOUS LES 47 !

Au départ, Kevin Young est un spécialiste du 110 m haies. L'horizon est un peu bouché et la concurrence féroce sur la courte distance. Son entraîneur lui conseille de « monter » sur 400. Conseil éclairé, puisque c'est tout simplement le 1er à descendre sous les 47 s. Il remporte l'or aux JO de Barcelone, établissant un nouveau record en 46 s 78, temps inégalé depuis.

BIS REPETITA

Felix Sanchez est un coureur de la République dominicaine. Il remporte l'or à Athènes en 2004 et récidive 8 ans plus tard à Londres. Petite curiosité, ses 2 titres se concluent exactement sur le même temps : 47 s 63.

2 MÉDAILLES FRANÇAISES

Naman Keita décroche le bronze à Athènes en 2004. Il ne réussit pas à faire aussi bien qu'Henri Touzin, qui a obtenu l'argent à Paris, en 1900.

DOUBLÉ LOUPÉ

La Jamaïcaine Deon Hemmings bat le record olympique en 52 s 82 en 1996 à Atlanta et remporte le titre. Elle est prête à récidiver en 2000 à Sydney, mais elle n'obtient que l'argent. Elle gagne sa 3e médaille en terminant 2e du 4 x 400 m avec l'équipe de Jamaïque.

ENFIN !

La Marocaine Nawal El Moutawakel obtient la victoire aux JO de Los Angeles. C'est la 1re fois qu'une femme arabe, africaine et musulmane gagne un titre. Elle détient toujours le record d'Afrique en 54 s 61.

RO & RM ♂ 46 s 78 par l'Américain Kevin Young (Barcelone, 1992)	RO ♀ 52 s 64 par la Jamaïcaine Melaine Walker (Pékin, 2008)
	RM ♀ 52 s 34 par la Russe Yuliya Pechonkina (2003)

LE DEMI-FOND

- 800 M, 1500 M -

Le 1 500 m est directement inspiré du fameux *mile* anglais (1 609 m). Le 800 m, comme le 1 500 m, est discipline olympique depuis les 1ers JO, en 1896. Il s'ouvre aux femmes en 1928, mais l'évanouissement d'une concurrente, mal préparée pour de tels efforts, crée la polémique. Toute course supérieure à 200 m sera interdite aux athlètes féminines pendant 32 ans. Ce n'est qu'en 1960 que le 800 m est à nouveau autorisé, et en 1972 le 1 500 m.

LE 1er DOUBLÉ

C'est l'œuvre du Britannique Douglas Lowe qui remporte le 800 m en 1924 et en 1928.

JULES LADOUMÈGUE

Jules Ladoumègue est sans conteste l'un des 2 meilleurs coureurs de demi-fond de son époque avec le Finlandais Paavo Nurmi. Il doit gagner le 1 500 m des JO de 1928, mais il se fait surprendre dans la dernière ligne droite. Médaille d'argent, il prépare sa revanche pour les Jeux de Los Angeles. Hélas, il est radié à vie (en même temps que son principal adversaire Nurmi) pour faits de professionnalisme juste avant les Jeux de 1932. Un public très fourni (pas loin de 40 000 personnes) vient lui rendre hommage sur les Champs-Élysées.

DOUBLÉ À MOITIÉ LOUPÉ

L'Américain Malvin Whitfield remporte le titre du 800 m aux JO de Londres, en 1948. Il tente le doublé en s'alignant sur le 400 m, mais il loupe la victoire, terminant à la 3e place. Pour se rattraper, il participe au 4 x 400 m où il gagne la médaille d'or. Aux JO de 1952, il conserve l'or sur 800 m, mais ne récolte que l'argent sur le 4 x 400. 5 médailles au total, pas mal !

LE CHAMPION ASSOMMÉ

Jim Ryun, un des meilleurs spécialistes du demi-fond, médaillé d'argent à Mexico sur 800 m, s'emmêle les pinceaux en séries aux JO de 1972, chute sur la piste et reste assommé pendant 8 s. Il n'arrive pas à rattraper le groupe et ne peut se qualifier.

800 M

RO & RM ♂

1 min 40 s 91

par le Kenyan David Rudisha (Londres, 2012)

RO ♀

1 min 53 s 43

par l'Ukrainienne Nadezdha Olizarenko (Moscou, 1980)

RM ♀

1 min 53 s 28

par la Tchèque Jarmila Kratochvilova (1983)

LE MAILLOT NOIR

Le Néo-Zélandais Peter Snell gagne le 800 m à Rome en 1960. Il double le favori, le Belge Moens, dans les derniers mètres en passant à la corde. Il réalise le doublé 800 m-1 500 m aux JO de Tokyo, en 1964, avant d'arrêter sa carrière sportive pour poursuivre des études de médecine. Il pratique aujourd'hui la course d'orientation, gagnant le titre de champion des États-Unis des plus de 65 ans.

FIDÈLE CUBAIN

Alberto Juantorena est cubain. Il réalise le doublé 400 m-800 m aux JO de Montréal, en 1976. Son secret : aller à fond, et comme il développe une foulée de 2,70 m, il va vite, très vite. Il court le 800 m au sprint comme le 400 m. Il dédie ses victoires à Fidel Castro, le célèbre président cubain. Pas étonnant qu'il devienne ensuite le ministre des Sports de son pays !

DUEL BRITANNIQUE

Le Britannique Steve Ovett remporte le 800 m aux JO de Moscou devant son compatriote, mais ennemi juré, Sebastian Coe, qui gagne le titre sur 1 500 m tandis qu'Ovett finit 3e. Ils se lancent tous deux dans une course effrénée aux records sur le demi-fond. Ovett doit s'arrêter lors du 1 500 m des Jeux de Los Angeles, en 1984, victime d'asthme. Il est évacué sur une civière. Pendant ce temps, Coe termine encore 1er de la course. Il glanera aussi une 2e médaille d'argent sur 800 m.

LA FIERTÉ DE L'AFRIQUE

C'est par ce surnom que l'on désigne parfois le Kenyan David Rudisha, médaillé d'or du 800 m aux JO de Londres, en 2012, et détenteur du record du monde en 1 min 40 s 91, établi lors de la finale olympique. Il est le fils de Daniel Rudisha, ancien athlète médaillé d'argent au 4 x 400 m en 1968.

1500 M

3 min 32 s 07
par le Kenyan Noah Ngeny (Sydney, 2000)
RO ♂

3 min 53 s 96
RO ♀
par la Roumaine Paula Ivan (Séoul, 1988)

par le Marocain Hisham El Guerrouj (1988)
RM ♂
3 min 26 s 00

par l'Éthiopienne Genzebe Dibaba (2015)
RM ♀
3 min 50 s 07

ESPOIR MANQUÉ

Mehdi Baala est un des grands espoirs du 1 500 m français, après sa 4e place prometteuse aux JO de Sydney, en 2000. Favori en 2004, il se fait malheureusement une entorse à quelques jours du départ et doit déclarer forfait. En 2008, il termine 4e de la finale. Il va récupérer sa seule médaille, en bronze, après la disqualification de Rachid Ramzi, du Bahrein, pour dopage. Il aurait mérité bien mieux !

HICHAM LE MAGIQUE

Le Marocain Hicham El Guerrouj est encore aujourd'hui le recordman du monde du 1 500 m avec un temps de 3 min 26 s. Ses performances sont ahurissantes : il est descendu sous la barre des 3 min 30 s à 31 reprises. Et pourtant, son parcours aux JO a été difficile pour obtenir l'or. À Atlanta, il heurte involontairement le talon de celui qui le précède, Morceli, il chute et termine bon dernier. En 2000, il est le grandissime favori, mais il se fait surprendre par le Kenyan Ngeny qui le coiffe sur le fil. Ce sera donc l'argent. À Athènes, en 2004, il change de tactique et mène un train d'enfer dans le 1 500 m, au point d'écœurer tous les concurrents. En agissant ainsi, pas de risque de chute, pas de mauvaise surprise à l'arrivée. Et il gagne le titre, enfin. Il s'aligne également sur le 5 000 m. Après une course intelligente, il déborde tout le monde et remporte sa 2e médaille d'or, réitérant l'exploit qu'avait réalisé Nurmi en 1924.

MALCHANCE ET PERSÉCUTION

Hassiba Boulmerka est la 1re sportive algérienne à remporter un titre aux JO, le 1 500 m, en 1992, à Barcelone. Des extrémistes islamiques la menacent de mort parce qu'elle court jambes nues et elle est obligée de quitter son pays pour s'entraîner. Malgré tout, elle se qualifie pour les JO d'Atlanta. Malheureusement, en demi-finale, elle perd une chaussure au début du dernier tour, quitte la piste et se fait une entorse.

FÊTE NATIONALE

Maria Mutola a 15 ans quand elle se présente sur la ligne de départ du 800 m aux JO de Séoul. Elle échoue en séries. En 1992, à Barcelone, elle termine 5e. Elle gagne la 1re médaille pour le Mozambique en décrochant le bronze en 1996. L'apothéose vient à Sydney en 2000 où elle remporte la médaille d'or le jour même de la fête nationale de son pays. En 2004, elle rate de peu le podium et termine 4e. Elle vient de fêter ses 36 ans quand, à Pékin, elle arrache la 5e place. Pas à dire, mais le 800, ça conserve !

LE DOUBLÉ DU SERGENT

Les Britanniques sont vraiment des spécialistes du demi-fond. Kelly Holmes est sergent dans l'armée. Elle démarre mal sa carrière olympique, plâtrée à Atlanta pour avoir couru avec une fracture de fatigue. Elle se remet puisqu'elle décroche la médaille de bronze du 800 m à Sydney, en 2000. Mais son heure de gloire, c'est à Athènes où elle réalise le doublé 800 m-1 500 m. Fine tacticienne, elle gagne ses courses grâce à sa pointe de vitesse finale.

LE DEMI-FOND

- 3000 M STEEPLE -

Cette épreuve vient d'Angleterre. Ce sont les courses de chevaux appelées « steeple chase », qui se déroulaient entre les clochers de 2 villages (*steeple* signifie « clocher » en anglais), qui donnent l'idée à des étudiants de concevoir une course sur le même modèle. Ils y incluent des obstacles et surtout une « rivière », spécificité du 3 000 m steeple. La distance, après avoir été de 2 500 m, est fixée à 3 000 m dès 1920, à Anvers. Les femmes sont autorisées à courir aux JO à compter de 2008 uniquement.

QUAND LES OFFICIELS NE SAVENT PAS COMPTER…

Aux JO de 1932, la finale du 3 000 m steeple mesure en réalité 3 400 m. Le juge officiel oublie de faire retentir la cloche au dernier tour. Les concurrents font un tour supplémentaire avant qu'elle sonne. Le vainqueur mettra 1 min 20 s de plus que son temps des demi-finales.

DOUBLÉ

Ce vainqueur est un des fameux Finlandais volants et il s'appelle Volmari Iso-Hollo. C'est un des seuls hommes, avec le Kenyan Ezekiel Kemboi, à avoir remporté 2 titres olympiques sur cette distance, en 1932 et en 1936. Sur le 10 000 m, il obtient également l'argent à Los Angeles et le bronze à Berlin.

TRIPLÉ

Les Kenyans sont devenus les grands spécialistes du 3 000 m steeple. Leur 1re victoire date de 1968. Depuis 1984, c'est toujours l'un d'eux qui finit en tête de la course. À 2 reprises, les coureurs kenyans ont squatté toutes les places du podium : en 1992, à Barcelone, et en 2004, à Athènes, où Ezekiel Kemboi l'emporte.

LE RÉSISTANT POLONAIS

Un des grands résistants européens au règne des Kenyans se nomme Bronislaw Malinowski. Ce Polonais va remporter la victoire en 1980, à Moscou, après avoir empoché la médaille d'argent en 1976.

PASSE DE 3 À RIO ?

Ezekiel Kemboi remporte son 1er titre olympique en 2004, à l'âge de 22 ans. Il profite de l'absence de Saif Saaeed Shaheen, Kenyan d'origine qui vient de prendre la nationalité qatarie et n'est donc pas autorisé par le règlement à participer aux JO. Saif se vengera en établissant dès septembre 2004, à Bruxelles, un nouveau record du monde, qui tient encore. 8 ans après, Kemboi voit la victoire lui sourire à nouveau aux Jeux de Londres, en 2012. En 2015, aux championnats du monde de Pékin, il est sacré meilleur mondial pour la 4e fois. Sera-t-il le 1er athlète à gagner 3 fois cette épreuve ?

LE FRANÇAIS KENYAN

Un Français, Mahiedine Mekhissi-Benabbad, tient tête aux Kenyans. À Pékin, en 2008, il réussit l'exploit d'arriver en 2e position. Il recommence en 2012, à Londres, et tombe dans les bras du vainqueur Kemboi. Ils échangent leurs maillots et les voilà partis pour le tour d'honneur, chacun avec la tunique de l'autre, acclamés par les spectateurs. En avril 2015, Mekhissi est opéré du pied droit. À peine rétabli, il commence à marcher un peu, mais il glisse et se rattrape comme il peut, reprenant l'équilibre sur son pied droit. Le tendon d'Achille est touché. Il est plâtré pour environ 8 semaines. Difficile de bien préparer Rio dans ces conditions !

LA RECORDWOMAN

Gulnara Samitova-Galkina est la 1re championne olympique sur 3 000 m steeple. Elle bat le record du monde en 2008, à Pékin, et passe sous la barre des 9 min : 8 min 58 s 81.

LA DOPÉE

La Russe Yuliya Zaripova remporte la victoire en 2012, à Londres. Mais en janvier 2015, la Fédération russe annonce qu'elle est suspendue pour dopage. Elle devrait perdre sa médaille olympique.

RO ♂
8 min 05 s 51
par le Kenyan Julius Kariyuki (Séoul, 1988)

RM ♂
7 min 53 s 63
par le Qatari Saif Saaeed Shaheen (2004)

RO & RM ♀
8 min 58 s 81
par la Russe Gulnara Samitova-Galkina (Pékin, 2008)

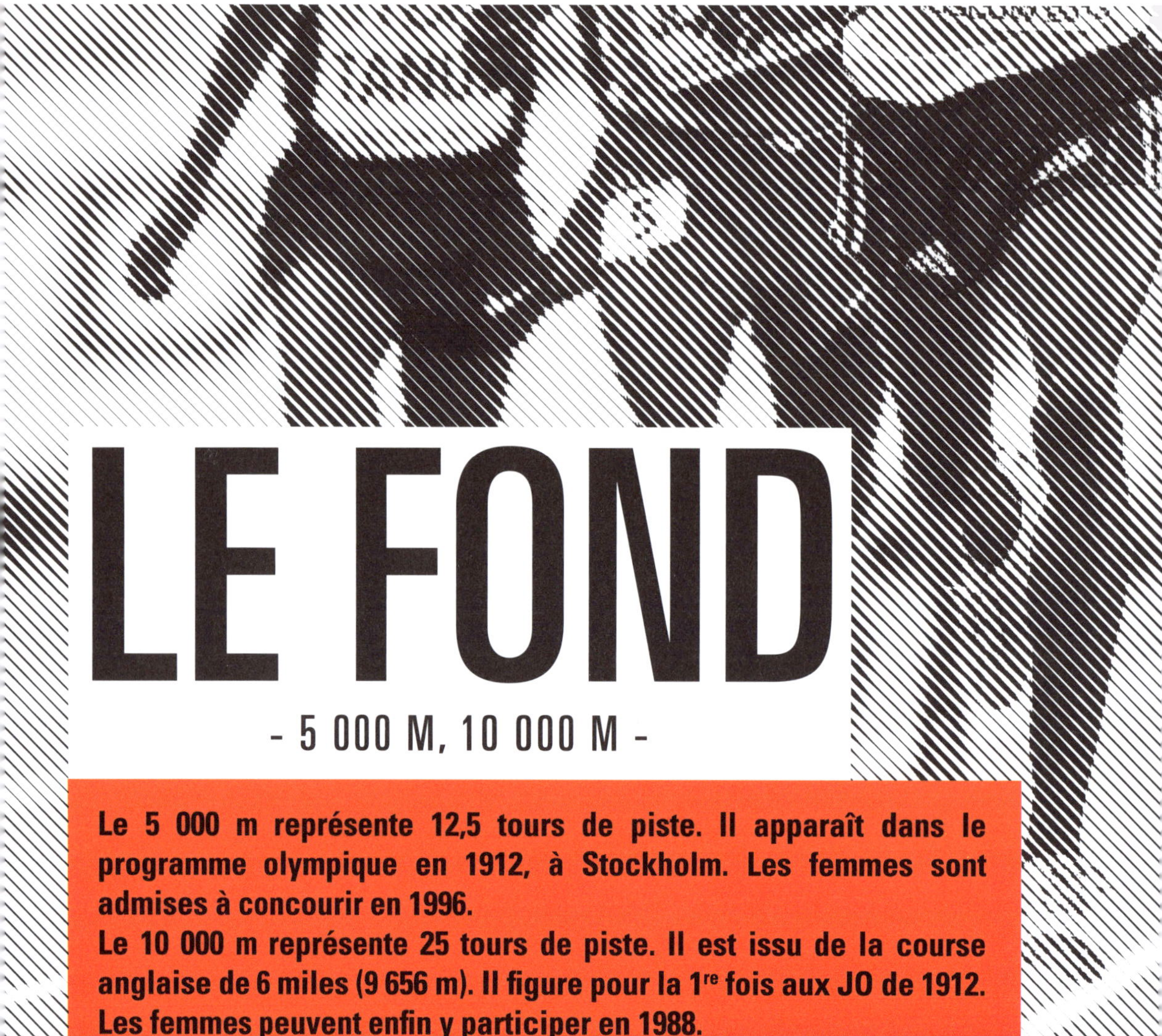

LE FOND

- 5 000 M, 10 000 M -

Le 5 000 m représente 12,5 tours de piste. Il apparaît dans le programme olympique en 1912, à Stockholm. Les femmes sont admises à concourir en 1996.
Le 10 000 m représente 25 tours de piste. Il est issu de la course anglaise de 6 miles (9 656 m). Il figure pour la 1re fois aux JO de 1912. Les femmes peuvent enfin y participer en 1988.

LE MARSEILLAIS

Jean Bouin a pris l'habitude de courir, une allumette coincée entre les dents. C'est ainsi qu'il remporte la médaille d'argent sur 5 000 m aux JO de 1912. Il a également obtenu la médaille de bronze au 3 miles par équipe en 1908 bien qu'il n'ait pas participé à la finale à cause d'une sortie nocturne qui s'est conclue au poste de police après une bagarre. Ce Marseillais avait eu comme instituteur Joseph Pagnol, le père du fameux Marcel.

ON PEUT BIEN MANGER ET COURIR

Joseph Guillemot réalise l'exploit de battre le grand favori Paavo Nurmi sur 5 000 m à Anvers, en 1920. Les 2 concurrents se retrouvent pour le 10 000 m. Le départ a été avancé, Joseph n'a pas le temps de digérer son déjeuner et le voilà parti. De plus, dans sa précipitation, il a égaré ses chaussures et dû en emprunter une paire trop grande pour lui. Nurmi l'emporte et le Français empoche l'argent. Il vomit sur les pieds de Nurmi à l'arrivée de la course.

LE FINLANDAIS VOLANT

Le Finlandais Paavo Nurmi court toujours avec un chronomètre en or dans la main. Certainement pour comptabiliser ses 22 records du monde. Il remporte au total 12 médailles, 9 en or et 3 en argent. À Anvers, en 1920, il gagne le 10 000 m, le cross individuel et celui par équipe, mais n'empoche que l'argent pour le 5 000 m. En 1924, à Paris, tout est en or : 1 500 m, 5 000 m, 3 000 m par équipe, ainsi que cross individuel et par équipe. À Amsterdam, en 1928, il remporte le 10 000 m, mais s'incline sur le 5 000 m et le 3 000 m steeple, où il n'arrive qu'à la 2e place. Il aurait bien pu en avoir au moins une de plus s'il n'avait pas été disqualifié pour professionnalisme en 1932.

5000 M

12 min 57 s 82
RO ♂ par l'Éthiopien Kenenisa Bekele (Pékin, 2008)

12 min 37 s 35
RM ♂ par l'Éthiopien Kenenisa Bekele (2004)

14 min 40 s 79
RO ♀ par la Roumaine Gabriela Szabo (Sydney, 2000)

14 min 11 s 15
RM ♀ par l'Éthiopienne Tirunesh Dibaba (2008)

LES FINLANDAIS FONT LA PAIRE

Pendant que Nurmi truste les médailles en 1924, son compatriote Ville Ritola remporte le 10 000 m, le 3 000 m steeple, le 3 000 m par équipe et le cross par équipe. Il récolte l'argent sur 5 000 m et au cross individuel. En 1928, il obtient l'or sur 5 000 m et l'argent sur 10 000 m. Si l'un est absent d'une compétition, on tombe sur l'autre.

LE TRIPLÉ HISTORIQUE

Le Tchèque Emil Zatopek est le 1er homme à courir à plus de 20 km/h dans une course de fond. Dans les années 1950, il détient simultanément 8 records du monde différents. Quand il court, c'est avec un visage grimaçant, la tête penchée sur le côté. Il affirme aux journalistes qu'il ne peut courir et sourire en même temps, « je n'ai pas assez de talent ». En dehors du stade, il est tout sourire, vraiment sympathique. En 1948, à Londres, il gagne le 10 000 m, descendant sous la barre des 30 min (29 min 59 s 6), et termine 2e du 5 000 m. On assiste à Helsinki, en 1952, à son triplé historique : il remporte toutes les épreuves de fond (5 000 m, 10 000 m et marathon), en battant à chaque fois le record olympique. Immense coureur que ce Zatopek, dont la statue trône devant le Musée olympique de Lausanne. Et avec un si bon esprit qu'il donna une de ses médailles à l'Australien Ron Clarke, grand champion lui aussi mais qui n'arriva pas à glaner une breloque lors des Jeux de 1968.

LES BIENFAITS DU LAIT DE RENNE

Le Finlandais Lasse Viren est un des derniers grands de la dynastie du fond finlandais. Il a réalisé un double doublé, remportant le 5 000 m et le 10 000 m en 1972 à Munich et en 1976 à Montréal. Son exploit le plus retentissant est le 10 000 m de Munich. À mi-parcours, il tombe, ayant heurté une barrière en bord de piste, entraînant Gammoudhi dans sa chute. Il se relève aussitôt, rattrape les échappés et gagne le titre en battant le record du monde. Tout simplement ahurissant ! Il a confié le secret de ses performances en plaisantant : boire du lait de renne de Laponie au petit déjeuner.

BELLE PRIME !

Le Marocain Saïd Aouita devient champion olympique du 5 000 m aux JO de 1984. Le roi du Maroc lui offre une villa à Casablanca.

LE GRAND ÉTHIOPIEN

Grand certainement pas par la taille (1,65 m), mais par les performances, Haile Gebreselassie est un des très grands coureurs de fond de l'histoire olympique. Il remporte l'or sur 10 000 m à Atlanta et à Sydney.

LE RETOUR BRITANNIQUE

En la personne de Mohamed Farah, qui a réalisé le doublé 5 000 m-10 000 m à Londres, en 2012. Il s'essaie maintenant au marathon. Il vient de courir, en 2015, le semi-marathon de Lisbonne en moins de 1 h (59 min 32 s). Une indication pour Rio ?

LA MEILLEURE EUROPÉENNE

La Portugaise Fernanda Ribeiro gagne l'or sur 10 000 m à Atlanta et le bronze à Sydney sur la même distance.

LA MEILLEURE DIBABA

L'Éthiopienne Tirunesh Dibaba est la seule femme à avoir réussi le doublé 5 000 m-10 000 m, en 2008, à Pékin. Elle est aussi détentrice du record olympique du 10 000 m et du record du monde du 5 000 m.

QUELLE FAMILLE !

La relève éthiopienne est là : Genzebe Dibaba, sœur cadette d'Ejegayehu et de Tirunesh, mais également nièce de Derartu Tulu. Elle est déjà détentrice du record du monde du 1 500 m en plein air et du 5 000 m en salle.

10 000 M

RO ♀ 29 min 54 s 66
par l'Éthiopienne Tirunesh Dibaba (Pékin, 2008)

RO ♂ 27 min 01 s 17
par l'Éthiopien Kenenisa Bekele (Pékin, 2008)

RM ♀ 29 min 31 s 78
par la Chinoise Wang Junxia (1993)

RM ♂ 26 min 17 s 53
par l'Éthiopien Kenenisa Bekele (2005)

MÉPRISE

La Chinoise Xing Huina dépasse Ejegayehu Dibaba dans la dernière ligne droite du 10 000 m des JO d'Athènes, en 2004. L'Éthiopienne croit avoir affaire à une concurrente en retard d'un tour qui la double. Elle lève les bras en signe de victoire, mais c'est bien l'Asiatique qui remporte le titre.

LES DOUBLÉS OLYMPIQUES DU 5 000 M

Chez les hommes, seul le Finlandais Lasse Viren a réussi le doublé en 1972 et 1976. Chez les femmes, seule l'Éthiopienne Meseret Defar l'a réussi en 2004 et 2012 (plus une médaille de bronze en 2008).

LES DOUBLÉS OLYMPIQUES DU 10 000 M

Chez les hommes : le Finlandais Paavo Nurmi (1920 et 1928), le Tchèque Emil Zatopek (1948 et 1952), le Finlandais Lasse Viren (1972 et 1976), et les Éthiopiens Haile Gebreselassie (1992 et 1996) et Kenenisa Bekele (2004 et 2008). Chez les femmes : les Éthiopiennes Derartu Tulu (1992 et 2000, plus une médaille de bronze en 2004) et Tirunesh Dibaba (2008 et 2012).

LES DOUBLÉS OLYMPIQUES 5 000 M-10 000 M

Chez les hommes : le Finlandais Hannes Kolehmainen (1912), le Tchèque Emil Zatopek (1952), le Russe Vladimir Kuts (1956), le Finlandais Lasse Viren (1972 et 1976), les Éthiopiens Miruts Yifter (1980) et Kenenisa Bekele (2008), le Britannique Mohamed Farah (2012). Chez les femmes, seule l'Éthiopienne Tirunesh Dibaba a réussi cet exploit en 2008.

LE MARATHON

En –490, les Athéniens battent les Perses à Marathon. Un soldat est dépêché à Athènes pour porter la bonne nouvelle. Il meurt d'épuisement à l'arrivée. Le linguiste et helléniste français Michel Bréal, cherchant à rendre encore plus attractifs les nouveaux Jeux olympiques de 1896, soumet une idée à son ami Pierre de Coubertin : créer une course inédite de 40 km, distance de Marathon à Athènes, et qui prendrait le nom de « marathon ». Idée validée aussitôt. Le marathon est la dernière épreuve des Jeux, la remise des médailles s'effectue pendant la cérémonie de clôture. C'est dire son symbole. Cette épreuve n'est ouverte aux femmes qu'en 1984.

QUAND LA VOLONTÉ ROYALE S'EN MÊLE…

Jusqu'en 1908, la distance du marathon change en fonction de l'organisateur. Elle est toujours à peu près de 40 km. À Londres, le roi exige que le départ soit donné sous les fenêtres du château de Windsor pour faire plaisir aux membres de la famille royale. Et l'arrivée doit s'effectuer devant la loge d'Édouard VII, au White City Stadium. On mesure, cela donne une distance saugrenue : 42 km et 195 m, mais comme c'est la volonté royale… Sans compter l'obsession britannique de tout légiférer : à partir de 1924, la distance de 42,195 km devient la distance de tout marathon.

LE MAL NOMMÉ

Le Français Émile Champion finit 2e de l'épreuve en 1900, à Paris.

AFFAIRE DE CIRCONSTANCE

Spyridon Louis est un berger grec… et le 1er vainqueur du marathon aux JO de 1896 en 2 h 58 min 50 s. Il devient le héros de la Grèce entière. Et pourtant, sa sélection relève du hasard. Il est en train d'effectuer son service militaire. Son colonel lui demande d'aller chercher la paire de lunettes qu'il a oubliée à son domicile. Louis s'acquitte si rapidement de sa tâche que le gradé propose ce soldat véloce pour l'équipe grecque qui prépare les Jeux.

LE MARATHON INFERNAL

Le marathon de 1912 se dispute sous une chaleur accablante. Les abandons ne se comptent plus. Le Portugais Francisco Lazaro, menuisier de son état, meurt au 30e km. Il a 21 ans.

FAUX VAINQUEURS

Aux JO de 1904, à Saint-Louis, le 1er à franchir la ligne d'arrivée est l'Américain Fred Lorz, immédiatement sacré champion olympique. Mais on apprend que Lorz a abandonné avant la mi-course, est monté dans un véhicule accompagnateur, puis, se sentant mieux à l'approche de l'arrivée, est descendu du véhicule et a fini en courant (c'était une plaisanterie, dira-t-il). Le 2e à terminer le marathon est Thomas Hicks. C'est lui qui est désigné vainqueur. Mais il aurait dû être disqualifié, lui aussi. Il s'est dopé à 2 reprises durant la course, à la strychnine et à l'eau-de-vie, pour augmenter ses capacités.

DE L'OR SOUS TOUTES SES FORMES

Le 24 juillet 1908, l'Italien Pietri Dorando pénètre dans le stade en titubant, ivre de fatigue. Il s'écroule à 40 m de l'arrivée. À ce moment-là, l'Américain John Hayes arrive au City Stadium. Ému, un officiel en canotier relève Pietri et l'aide à franchir la ligne d'arrivée. Il est logiquement disqualifié et c'est Hayes qui empoche la médaille d'or. La reine Alexandra, femme d'Édouard VII, décide d'offrir un lot de consolation au pauvre Italien, pâtissier à Capri : une splendide coupe en or.

LE MARATHON LE PLUS LONG

Au 30e km du marathon de 1912, le Japonais Shizo Kanakuri est obligé de s'arrêter, totalement déshydraté. Des Suédois l'invitent à entrer chez eux pour se désaltérer et se reposer un peu. Mais le lit proposé est tellement douillet qu'il s'endort profondément et ne se réveille que le lendemain matin. Le concurrent est mort de honte et prend le premier bateau pour le Japon. Un journaliste, en 1952, retrouve ce coureur qui n'avait laissé aucune trace : ni arrivé, ni éliminé par abandon, ni décédé, tout simplement disparu, et découvre toute l'histoire. En 1967, Kanakuri est invité à Stockholm et va symboliquement parcourir la dernière ligne droite, à 76 ans, pour terminer ce marathon dont le départ avait été donné il y a très exactement 54 ans, 8 mois, 6 jours, 32 minutes, 20 secondes et 3 dixièmes.

POUR UN VERRE

Le Finlandais Hannes Kolehmainen remporte la victoire du marathon de 1920, après ses 3 médailles d'or aux JO de 1912 (5 000 m, 10 000 m, cross). Lui qui suit un régime extrêmement strict s'offre un verre de bière pour récompense. C'est la 1re fois qu'il sirote un demi.

ATTENTION AUX PIEDS !

Joie Ray décroche la 5e place au marathon de 1928. À l'arrivée, ses pieds ayant gonflé, il est impossible de lui enlever ses chaussures. Il faut les découper.

TOUS LES 28 ANS

La France remporte le marathon des JO tous les 28 ans. En 1900, c'est Michel Théato qui est sacré. En 1928, c'est le vainqueur oublié Boughera El Ouafi. En 1956, l'emblématique Alain Mimoun gagne la médaille d'or. La série s'arrête malheureusement là.

LE PLUS JEUNE CHAMPION

L'Argentin Juan Carlos Zabala vient d'avoir 20 ans et s'impose en 1932 devant le Britannique Samuel Ferris. L'écart est minime, 19 s au bout de 2 h 31 min 36 s d'effort.

2 h 06 min 32 s

RO ♂ par le Kenyan Samuel Wanjiru (Pékin, 2008)

2 h 23 min 07 s

RO ♀ par l'Éthiopienne Tiki Gelana (Londres, 2012)

2 h 02 min 07 s

RM ♂ par le Kenyan Dennis Kimetto (2014)

2 h 15 min 25 s

RM ♀ par la Britannique Paula Radcliffe (2003)

QUAND LA MALCHANCE VOUS TIENT

Aux Jeux de Londres, en 1948, le Belge Etienne Gailly entre le 1er dans le stade de Wembley. Mais il a un malaise, il est épuisé et perclus de crampes, il chute, se relève, retombe. L'Argentin Delfo Cabrera en profite pour prendre la 1re place en 2 h 34 min 51 s. Gailly est aussi dépassé par le Britannique Thomas Richard mais réussit à conserver la médaille de bronze. En 1952, il ne peut pas participer aux JO : il est lieutenant parachutiste et son régiment est engagé dans la guerre de Corée. Il marche sur une mine et c'en est fini de sa carrière sportive.

FAUX DÉPART

Aux Jeux de Melbourne, en 1956, une chose incroyable arrive. Un faux départ est signalé au marathon. Les 45 concurrents sont obligés de s'aligner à nouveau. Visiblement, ils étaient pressés de souffrir cette année-là.

PLUS DE 20 KM/H !

Lors de son record du monde, à Berlin, en 2014, Dennis Kimetto court à la vitesse de 20,57 km/h.

LES SIGNES ÉTAIENT LÀ

Le Français Alain Mimoun a déjà récolté 3 médailles d'argent sur 5 000 et 10 000 m aux Jeux de 1948 et 1952. C'est le grand jour en ce 1er décembre 1956, à Melbourne. Il s'aligne au départ du marathon, à côté de Zatopek, son grand rival et vainqueur de l'épreuve en 1952. Alain porte le dossard n° 13. La veille, sa fille est née, il l'a appelée Olympe. Avec de tels signes, il est obligé de gagner. Les 45 concurrents s'élancent avec un petit 36 °C à l'ombre. Il fait partie de la 1re échappée et à mi-parcours se retrouve seul devant. La fin de la course est très difficile, mais il franchit la ligne en vainqueur en 2 h 25 min.

ABANDON PEU COURANT

Le Finlandais Lasse Viren, quadruple champion olympique en 1972 et 1976 sur 5 000 et 10 000 m, veut tenter le marathon. Une nouvelle médaille ? Malheureusement, il est victime de fortes diarrhées qui l'obligent à quitter le parcours toutes les 10 minutes. Totalement épuisé, il doit abandonner.

PIEDS NUS

Abebe Bikila, venu des hauts plateaux éthiopiens, est sélectionné pour les JO de Rome en remplacement d'un coureur blessé. Ses chaussures le gênent et il décide de courir pieds nus dans la nuit romaine (il fait trop chaud pour programmer le marathon de jour). Il s'accroche aux basques du favori, le Marocain Abdeslam Rhadi, et le dépasse à quelques centaines de mètres de l'arrivée. Il bat le record du monde en 2 h 15 min 16 s. C'est le 1er athlète d'Afrique noire qui remporte une médaille d'or. Il gagne de nouveau le titre à Tokyo, en 1964, battant encore le record du monde en 2 h 12 min 11 s, mais avec des chaussures. On apprend alors qu'il a été opéré de l'appendicite en secret à peine 35 jours avant le départ de la course.

LE CADEAU EMPOISONNÉ

Pour son exploit, Bikila reçoit de l'empereur Hailé Sélassié une Coccinelle VW et un appartement. En mars 1969, il a un grave accident de voiture. Il a la nuque brisée. Il reste paralysé des jambes après 8 mois d'hôpital et meurt de complications dues à son accident en 1973. Le cadeau ne lui a pas porté chance.

DOUBLÉ À NOUVEAU

L'Allemand de l'Est Waldemar Cierpinski réédite l'exploit de Bikila en remportant 2 fois de suite le marathon olympique, en 1976, à Montréal, et en 1980, à Moscou.

CEINTURÉ

Le Brésilien Vanderlei de Lima participe au marathon en 2004, à Athènes. À mi-parcours, il s'échappe et compte 28 s d'avance sur les autres concurrents au 35e km. C'est alors qu'un spectateur traverse la route, le ceinture et le projette dans la foule. Il parvient à se libérer, mais le ressort est cassé. Il réussit quand même à terminer à la 3e place. Le CIO lui décerne la médaille Pierre de Coubertin pour son fair-play et son esprit sportif.

RECORDMAN OLYMPIQUE

Le recordman olympique s'appelle Samuel Wanjiru. Il est kenyan et a gagné le marathon de Pékin, en 2008, en 2 h 6 min 32 s, à l'âge de 21 ans. Une belle carrière lui est promise. Mais il décède en 2011, à 24 ans, d'une chute du balcon de son appartement, suite à une dispute familiale. Son épouse l'aurait retrouvé avec une autre femme. Suicide, défenestration, accident ? L'enquête piétine…

VITESSE

Lors de son record du monde en 2003, la Britannique Paula Radcliffe court à la vitesse de 18,69 km/h.

LA 1re EN 1984 !

L'Américaine Joan Benoit remporte la 1re médaille d'or féminine du marathon, à Los Angeles. La concurrence est redoutable. Elle opte alors pour une course rapide et usante. Elle finit par décrocher tout le monde et gagne avec plus de 1 min d'avance.

LA SPÉCIALISTE DE LA SAINT-SYLVESTRE

La Portugaise Rosa Mota est certainement une des meilleures spécialistes du marathon. Aux JO de Los Angeles, elle termine 3e. Médaille d'or aux championnats du monde, elle remporte aussi 3 championnats d'Europe. Et, en toute logique, elle est sacrée aux JO de Séoul, en 1988. Elle a gagné 6 marathons de la Saint-Sylvestre consécutifs à São Paulo.

LA MARCHE

- 20 KM, 50 KM -

La marche athlétique fait son apparition aux JO de 1908, à Londres. Dans un 1er temps, elle se dispute sur 3 km, puis passe rapidement à 10 km. En 1932, une marche longue distance est créée, le 50 km. Cette course est exclusivement masculine. En 1956, le 20 km remplace définitivement le 10 km. La 1re épreuve féminine, un 10 km, est programmée à Barcelone, en 1992. Elle est remplacée par un 20 km dès 2000, à Sydney.

UN BRIN DE TECHNIQUE

Les concurrents doivent marcher sans jamais courir. Un pied doit toujours être en contact avec le sol. La jambe de soutien doit obligatoirement être tendue jusqu'au moment où elle se trouve sous le corps de l'athlète. Les disqualifications, après 2 avertissements pour non-respect de la règle, sont monnaie courante.

DE TOUTES LES COULEURS

L'Ukrainien Volodymyr Holubnychiy domine le 20 km marche dans les années 1960 et au début des années 1970. À Rome, en 1960, il devient champion olympique, exploit qu'il réitérera à Mexico, en 1968. À Tokyo, en 1964, il empoche la médaille de bronze. Et enfin, en 1972, il est encore là à Munich et termine 2e de l'épreuve.

LE PLUS FORT

Le Polonais Robert Korzeniowski est le plus titré des marcheurs : 4 médailles d'or entre 1996 et 2004. Il réalise même le doublé 20 km-50 km à Sydney, en 2000. Il est champion du 50 km 3 fois de suite. Son seul échec est Barcelone, en 1992. Il est disqualifié alors qu'il est en 2e position du 50 km.

L'AMOUR DES YAOURTS

1996 voit Jefferson Pérez arriver en tête du 20 km. C'est le 1er médaillé d'or de son pays, l'Équateur. En récompense, il va recevoir des yaourts tous les matins de sa vie à son domicile. Espérons qu'il aime ces petits pots ! C'est peut-être pour cela qu'il remporte la médaille d'argent, toujours sur 20 km, aux JO de Pékin, en 2008.

UN PEU D'ENTRAÎNEMENT

Jefferson Perez est tellement heureux de sa victoire aux JO d'Atlanta qu'il rentre à pied chez lui. Cette balade lui fait faire un peu d'exercice puisque la capitale, Quito, est distante de 450 km de son domicile à Cuenca.

LE FACTEUR CHAMPION

Le Français Yohann Diniz est détenteur du record du monde du 50 km en 3 h 32 min 33 s, établi le 15 août 2014 aux championnats d'Europe, à Zurich. Yohann travaille comme facteur à la Poste, il devait faire les tournées à pied pour s'entraîner. Alors qu'il est vice-champion du monde et 3 fois champion d'Europe, il n'arrive pas à concrétiser aux Jeux. En 2008, il doit abandonner après 30 km, à bout physiquement. Il a pourtant réalisé la meilleure performance mondiale de la saison. En 2012, à Londres, il chute au 36e km, victime d'une défaillance. Il se classe 8e mais est disqualifié par un juge tatillon pour ravitaillement illicite. Souhaitons que les Jeux de Rio lui sourient enfin !

LA SÉVÉRITÉ DES JUGES

L'Australienne Jane Saville, pressée d'en finir, accélère à un peu plus de 100 m de l'arrivée, à Sydney, en 2000. Elle est en tête, la victoire ne peut pas lui échapper. Mais sa précipitation l'amène à se désunir au point de courir un peu. C'est compter sans un juge officiel particulièrement attentif, qui la disqualifie.

50 km

3 h 35 min 59 s
RO ♂ par le Russe Sergey Kirdyapkin (Londres, 2012)

3 h 32 min 33 s
RM ♂ par le Français Yohann Diniz (2014)

20 km

RO ♂
1 h 18 min 46 s
par le Chinois Chen Ding (Londres, 2012)

RM ♂
1 h 16 min 36 s
par le Japonais Yusuke Suzuki (2015)

RO ♀
1 h 25 min 02 s
par la Russe Elena Lashmanova (Londres, 2012)

RM ♀
1 h 24 min 38 s
par la Chinoise Liu Hong (2015)

LE DISQUE

Cette discipline très prisée dans le monde antique, en particulier en Grèce, comme en témoigne le *Discobole*, la statue du célèbre sculpteur athénien Myron, est présente aux JO depuis leur création. Elle s'ouvre aux femmes en 1928. Le disque masculin a un diamètre de 22 cm et pèse 2 kg contre 18 cm et 1 kg pour le disque féminin.

UN PEU DE TECHNIQUE

L'aire de lancer, entourée d'une grande cage en forme de U pour éviter les accidents, mesure 2,5 m de diamètre. Le lanceur ne doit pas quitter cette aire avant que le disque ne soit retombé au sol, ni sortir par l'avant sous peine de disqualification. Dos à la zone de lancer, il démarre par un mouvement de balancier des bras pour bien assurer sa prise, avant d'effectuer la « volte » (rotation de 1,5 tour) et de lancer le disque. Les concurrents ont droit à 3 essais, et les 8 meilleurs à 3 essais supplémentaires.

L'ÉCLECTISME NE NUIT PAS À L'EFFICACITÉ

Le 1er champion olympique du disque est l'Américain Robert Garrett. En cette fin de siècle, un athlète est un sportif pluridisciplinaire, loin de la spécialisation actuelle. Aux JO d'Athènes, outre la médaille d'or du disque, il remporte également celle du poids. Assez logique pour un homme fort. Plus surprenantes sont les 2 autres médailles d'argent qu'il ramène : le saut en longueur et le saut en hauteur.

Il faut un sacré bagage technique pour affronter toutes ces épreuves. Aux JO de 1900, à Paris, il s'inscrit au poids et au triple saut sans élan. Il remporte 2 nouvelles médailles, de bronze cette fois.

PAS DE MARQUE !

Le Français Jules Noël, en 1932, réalise un lancer de toute beauté, digne de gagner le concours, aux dires des observateurs. C'est compter sans les officiels, probablement distraits par le saut à la perche qui se déroule à quelques mètres de là, qui oublient de marquer le point de chute du disque. Le jet n'est pas comptabilisé. L'athlète tricolore finit 4e.

LE MEILLEUR DISCOBOLE DE TOUS LES TEMPS

Al Oerter a à peine 20 ans quand il se qualifie pour les JO de Melbourne en 1956. Il réussit un superbe 1er jet à 56,36 m, doublant le favori, Fortune Gordien, qui l'a battu aux sélections américaines. 1re médaille d'or. Victime d'un accident de la route qui l'empêche de s'entraîner, il est de nouveau supplanté lors des sélections américaines par le recordman du monde, Richard Babka. Lors des JO de Rome, en 1960, mené dans le concours, il réussit à battre son record personnel en lançant à 59,12 m. Personne ne peut l'égaler. 2e médaille d'or. Favori des JO de 1964, il chute lourdement à l'entraînement à 1 semaine de la compétition et se fracture plusieurs côtes. Les médecins lui prescrivent un repos de 6 semaines. C'est méconnaître le bonhomme, qui se présente à l'aire de lancement, bandé comme une momie, avec des poches de glace sur les côtes cassées. Bien que dominé, il ne perd pas courage et, au 5e essai, modifiant sa technique, il lance le disque à 61 m. 3e médaille d'or. En 1968, tout le monde pense qu'il finit sa carrière, à 32 ans passés. Le jour de la finale olympique à Mexico, une pluie diluvienne s'abat sur le stade. Tous courent se mettre à l'abri, sauf Al qui continue son échauffement. 1 h après, le déluge se calme et les officiels décident de démarrer le concours sans attendre. Les autres n'ont pas le temps de s'acclimater à l'aire humide de lancement. Après un début un peu délicat, Oerter sort le jet victorieux : la marque affiche 64,78 m. C'est ainsi qu'Al Oerter devient une légende du disque et des JO, le 1er homme à remporter 4 titres consécutifs dans sa discipline. En athlétisme, seul Carl Lewis l'égalera 30 ans plus tard au saut en longueur.

LA 1re MÉDAILLE DE L'URSS

Helsinki, 1952. Une délégation d'athlètes soviétiques participe pour la 1re fois aux JO. Le disque féminin est placé au début du programme d'athlétisme. Nina Romashkova se qualifie facilement pour la finale. Elle pulvérise à 2 reprises le record du monde. Les tablettes affichent le nouveau record olympique : 51,42 m, à plus de 4 m du précédent. C'est la 1re médaillée en or de l'URSS. Ce ne sera pas la dernière. Romashkova gagnera également le bronze aux JO de Melbourne en 1956 et l'or aux JO de Rome en 1960.

VITESSE

Un disque vole à plus de 100 km/h.

RO♂ **69,89 m** par le Lituanien Virgilijus Alekna (Athènes, 2004)	RO♀ **72,30 m** par l'Allemande Martina Hellmann (Séoul, 1988)
RM♂ **74,08 m** par l'Allemand Jürgen Schult (1986)	RM♀ **76,80 m** par l'Allemande Gabriele Reinsch (1988)

LE JAVELOT

Le javelot a intégré le programme olympique aux Jeux de 1908, à Londres. Les femmes ont été admises à Los Angeles, en 1932. La pointe du javelot doit toucher le sol en premier pour que l'essai soit valide. La course d'élan, contrairement aux autres lancers, est rectiligne, le javelot étant propulsé juste avant une ligne qu'il ne faut pas franchir.

LE RECORD DES RECORDS

En 1984, l'Allemand Uwe Hohn bat le record du monde du javelot avec un jet à 104,80 m. Seul petit problème : à cette distance, le javelot atterrit juste quelques mètres derrière le sautoir en hauteur. Par sécurité, le javelot est alors modifié et son centre de gravité avancé de 4 cm pour limiter la longueur des essais. Le javelot masculin pèse désormais 800 g, et celui des femmes 600 g. Mais il ne suffit pas de tout prévoir pour éviter les accidents. Le 13 juillet 2007, lors d'un meeting à Rome, le Finlandais Tero Pitkämäki, un des meilleurs sur le circuit mondial, dérape à la fin de sa course d'élan, son javelot sort de l'aire de réception et dévie jusqu'au sautoir en longueur. Le sauteur français Salim Sdiri reçoit l'engin dans le dos. Touché au foie et au rein droit, il est immédiatement hospitalisé. Sa convalescence sera longue. Il reviendra quand même à son meilleur niveau, battant le record de France avec 8,42 m en 2009.

LA MÉDECINE N'EST PAS UNE SCIENCE EXACTE

L'actuel détenteur du record du monde de javelot, le Tchèque Jan Zelezny, participe à ses 1ers JO en 1988, où il finit avec la médaille d'argent, battu de 16 petits centimètres par le Finlandais Korjus. En 1989, les médecins lui conseillent d'arrêter le javelot, sous peine de paralysie totale en raison de problèmes vertébraux. L'athlète fait la sourde oreille et continue de s'entraîner d'arrache-pied. Il remporte la médaille d'or à Barcelone, en 1992, avec 89,66 m. Après avoir gagné 2 titres de champion du monde et établi un nouveau record mondial avec 98,48 m, il conserve sa couronne aux JO d'Atlanta en 1996. Il gagne un 3e titre en 2000, aux JO de Sydney. Les problèmes de santé le minent, il participe quand même aux JO d'Athènes, en 2004, où il termine à la 9e place. S'il avait écouté ses médecins, il aurait tout simplement loupé la plus belle carrière qui soit, triple champion olympique, triple champion du monde et détenteur du record du monde.

AVEC L'AIDE DE LA PLUIE

Viktor Tsybulenko est ukrainien. Il défend les couleurs de l'URSS en lançant le javelot au cours de 3 olympiades successives. C'est un très bon spécialiste, mais il n'a jamais dominé sa discipline. En 1952, il termine 4e et ne monte pas sur le podium. Il obtient une médaille de bronze à Melbourne, en 1956. Mais en 1960, il décroche le Graal en remportant la médaille d'or à Rome dans des conditions particulières. Il réalise un 1er essai mesuré à 84,64 m alors que l'orage commence à gronder. 2 minutes plus tard, c'est le déluge, des rafales de vent et des trombes d'eau s'abattent sur le stade ; aucun des autres concurrents n'arrive à dépasser la ligne des 80 m dans un concours aux conditions météo extrêmes.

RO♂ **90,57 m** par le Norvégien Andreas Thorkildsen (Pékin, 2008)	RM♂ **98,48 m** par le Tchèque Jan Zelezny (1996)
RO♀ **71,53 m** par la Cubaine Olisdeilys Menendez (Athènes, 2004)	RM♀ **72,28 m** par la Tchèque Barbora Spotakova (2008)

DES BALAIS EN OR !

Dana Ingrova-Zatopkova est née en Tchécoslovaquie le 19 septembre 1922, exactement le même jour que celui qui va devenir son mari, l'immense Emil Zatopek. Aux JO d'Helsinki, en 1952, ce couple mythique empoche 4 médailles d'or, lui aux 5000 m, 10 000 m et marathon, elle au javelot, sous les yeux de son mari qui a remporté sa course 1 h avant. Après avoir fini 4e à Melbourne, en 1956, elle retrouve une place d'honneur avec l'argent à Rome, en 1960. Elle est aussi titulaire de la meilleure performance féminine mondiale réalisée avec un javelot en bois : 55,73 m. Si leurs médailles sont conservées aux Archives nationales de Prague, le devenir des javelots est plein de surprises grâce à l'inventivité de son époux qu'elle a surnommé « Topek ». Celui avec lequel elle a remporté l'or à Helsinki a été transformé en balai, et celui avec lequel elle est devenue championne d'Europe à Stockholm sert de portemanteau dans l'entrée de leur domicile.

ATTENTION À LA LIGNE

Aux JO de 1960, la Britannique Susan Platt lance le javelot à 54 m, ce qui peut lui assurer la médaille d'argent. Pour mieux voir, elle s'avance un peu trop et dépasse la ligne. Le jet n'est pas validé. Elle finit 7e et c'est Dana Zatopkova qui prend la 2e place avec 53,78 m.

VITESSE

Un javelot peut atteindre 112 km/h lors d'un lancer.

LE MARTEAU

Le lancer du marteau se pratique aux Jeux olympiques à partir de 1900. Les femmes ne participent à cette épreuve que depuis les JO de Sydney, en 2000. Le boulet masculin, fixé à une poignée à l'aide d'un câble en acier, pèse 7,257 kg (16 livres anglaises), et celui destiné aux femmes, 4 kg.

LE MARTEAU CELTE

La mythologie celtique atteste des origines du lancer de marteau, notamment le récit de Cuchulainn, un héros appelé également le « Chien de Culann » ou « Chien du forgeron ». Initié en Écosse, ce lancer du marteau de forgeron est un sport typiquement celte. Au XIXe siècle, le simple outil est abandonné au profit d'un engin d'un poids de 16 livres, équipé d'abord d'un manche en bois, puis d'une chaîne, qui est surtout utilisé dans les épreuves de force des Highland Games. Ce sport va se développer, avec l'immigration irlandaise, aux États-Unis et en Angleterre. C'est ainsi que John Flanagan, émigré de fraîche date aux États-Unis, va remporter la médaille d'or olympique à 3 reprises, en 1900, 1904 et 1908, portant le record à plus de 56 m. La technique évolue ensuite à partir des JO de Berlin, en 1936. Après guerre, la discipline est codifiée et le lancer est celui qui se pratique aujourd'hui.

DOPAGE ET MÉDAILLE

Koji Murofushi est un des spécialistes japonais du lancer du marteau. Il remporte la médaille d'or à Athènes, en 2004, non pas sur le terrain, malgré son lancer à 82,91 m, mais sur disqualification du 1er du concours, le Hongrois Adrian Annus, convaincu de dopage. En 2008, aux Jeux de Pékin, il obtient la médaille de bronze après la disqualification de ses 2 prédécesseurs biélorusses, encore pour dopage. Mais en 2010, le tribunal arbitral du sport, ayant constaté des irrégularités dans l'examen des échantillons prélevés, ordonne que les tricheurs récupèrent leur médaille. Koji est donc déclassé et finit 5e. Revanchard, il gagne la médaille de bronze à Londres en 2012.

LA FAMILLE MARTEAU

Koji a baigné tout petit dans le monde du marteau, puisqu'il est le fils de Shigenobu Murofushi, vainqueur de 5 Jeux asiatiques et recordman japonais de la spécialité jusqu'à ce que son fils le détrône. À l'université, il a obtenu un doctorat sur la biomécanique du lancer du marteau. Sa jeune sœur, Yuka, est aussi spécialiste du marteau, championne du Japon. La mère se veut différente : athlète roumaine, elle lançait le javelot.

PÈRE ET FILS

Encore une famille olympique ! Le père, Imre Németh, est un lanceur de marteau hongrois qui devient champion olympique en 1948, à Londres. Il obtient une nouvelle médaille, celle-là en bronze, en 1952 à Helsinki. Son fils, Miklos, est un spécialiste du javelot. Il remporte les Jeux de Montréal, en 1976, confirmant le dicton « Tel père, tel fils ».

RO ♂ **84,80 m** par le Russe Sergey Litvinov (Séoul, 1988)	RM ♂ **86,74 m** par l'Ukrainien Yuriy Sedykh (1986)
RO ♀ **78,18 m** par la Russe Tatyana Lysenko (Londres, 2012)	RM ♀ **81,08 m** par la Polonaise Anita Wlodarczyk (2015)

PEU IMPORTE LE BRAS...

Enfant, Harold Connolly récolte plusieurs fractures du bras en jouant au football américain. À tel point qu'il a le bras gauche plus court que le droit de 10 cm. Il s'entraîne au lancer du marteau pour consolider son bras. Et il remporte la médaille d'or à Melbourne, en 1956.

LA VALEUR N'ATTEND PAS LE NOMBRE DES ANNÉES

Kamila Skolimowska est née en Pologne, à Varsovie, d'un père haltérophile et d'une mère discobole. Elle commence le sport dès son plus jeune âge et à 12 ans elle obtient une médaille de bronze dans la spécialité de son père. Puis elle s'essaie au marteau, trouvant cette discipline plus amusante que le disque de sa mère. En 1997, à 15 ans, elle devient championne d'Europe junior. En 2000, elle porte le record du monde junior à 71,16 m en gagnant la 1re médaille d'or du lancer du marteau aux JO de Sydney, en 2000. Elle a 17 ans et demi. Elle possède toujours le record d'Europe junior avec un jet de 71,71 m.

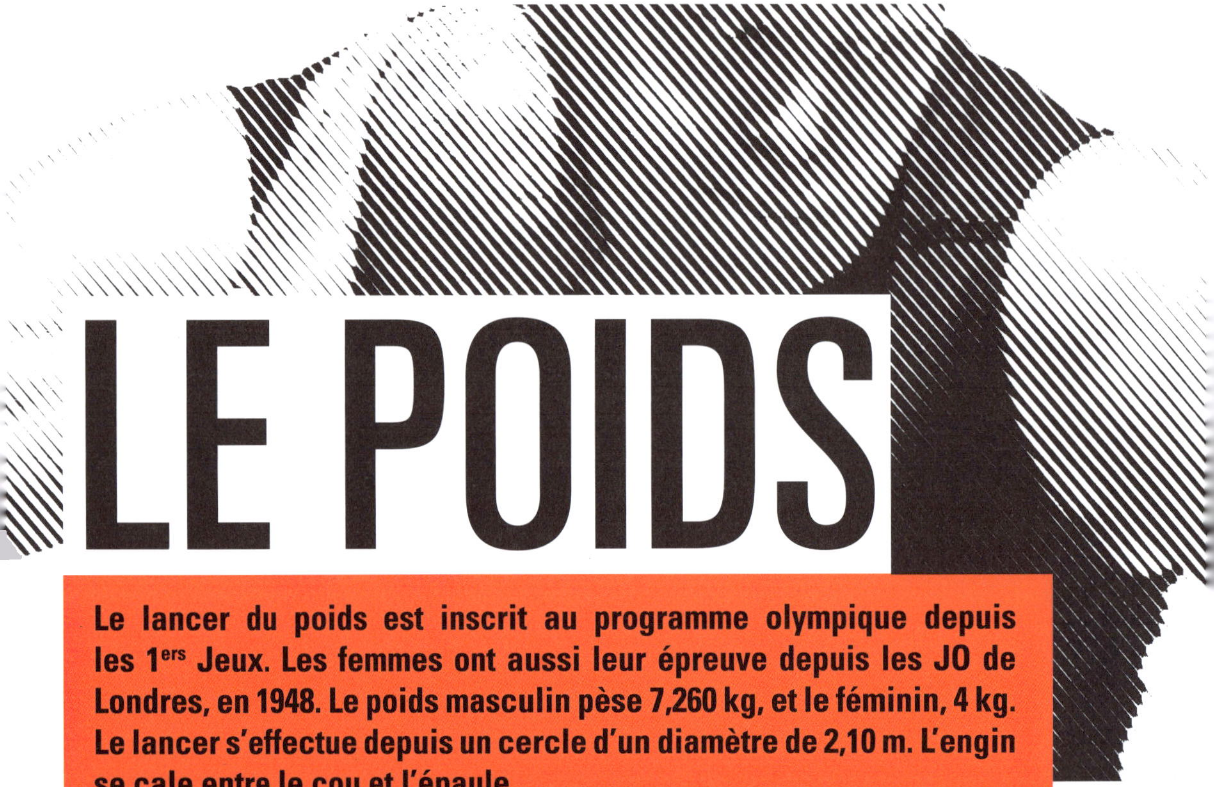

LE POIDS

Le lancer du poids est inscrit au programme olympique depuis les 1ers Jeux. Les femmes ont aussi leur épreuve depuis les JO de Londres, en 1948. Le poids masculin pèse 7,260 kg, et le féminin, 4 kg. Le lancer s'effectue depuis un cercle d'un diamètre de 2,10 m. L'engin se cale entre le cou et l'épaule.

QUEL DRÔLE DE NOM

Pour un lanceur de poids, s'appeler Étienne Desmarteau est pour le moins curieux. Mais notre homme a une histoire singulière. Étienne est canadien et exerce la profession de policier à Montréal. Il souhaite participer aux Jeux de Saint-Louis, en 1904. Mais il n'obtient pas l'autorisation de sa hiérarchie. Qu'à cela ne tienne ! Il abandonne son poste et est exclu de la police. Sûr de lui, il part conquérir la médaille d'or au lancer du poids de 25,4 kg (épreuve aujourd'hui disparue). Et il réussit ! C'est le seul médaillé non-américain en athlétisme de ces JO. Il revient, fêté comme un héros national, et ses supérieurs le réintègrent immédiatement.

ÉPREUVE DISPARUE

L'épreuve du lancer du poids de 25,4 kg n'a eu lieu aux JO qu'en 1904 et 1920.

LE « PARRY » CALIFORNIEN

William Patrick « Parry » O'Brien est l'inventeur d'une nouvelle technique dans les années 1950. Il se positionne dos tourné au butoir et recule rapidement avant d'effectuer une rotation, qui donne plus de puissance à son lancer. Au début, ses adversaires trouvent cela ridicule, mais les résultats sont là. Parry va dominer sa spécialité pendant près de 10 ans, affinant son geste et s'entraînant régulièrement avec l'équipe d'haltérophilie américaine. Ce Californien est le 1er homme à franchir 18 m, puis 19 m. Sa meilleure performance sera de 19,30 m. Il remporte la médaille d'or à Helsinki, en 1952, avec 17,41 m. Il double la mise à Melbourne, en 1956, avec 18,57 m. Il est 2e aux JO de Rome, en 1960, avec 19,11 m. Il finit au pied du podium en 1964, à Tokyo, avec son meilleur jet pendant les Jeux, 19,20 m.

ON PARLE TOUJOURS DE LA PRÉCISION SUISSE...

Avec ses 3 titres de champion du monde, le Suisse Werner Günthör est le favori des JO de Barcelone. Il lance à 21,80 m, la médaille d'or est assurée. Mais à la fin de son geste, il se penche et perd légèrement l'équilibre. Ses doigts effleurent le sol, le jet est invalidé. Il est très énervé et n'arrive pas à rééditer son lancer. Il finit 4e et ne monte pas sur le podium.

22,47 m

RO ♂ par l'Allemand Ulf Timmermann (Séoul, 1988)

23,12 m

RM ♂ par l'Américain Randy Barnes (1990)

22,41 m

RO ♀ par l'Allemande Ilona Slupianek (Moscou, 1980)

22,63 m

RM ♀ par la Russe Natalya Lisovskaya (1987)

LA GÉANTE

C'est ainsi qu'apparaît l'Allemande Astrid Kumbernuss avec son gabarit impressionnant : 1,86 m pour 90 kg de muscles. Elle est 3 fois championne du monde, en devenant maman entre 2 titres. Elle obtient la consécration avec une médaille d'or aux JO d'Atlanta en 1996. Poursuivie par les blessures, elle a du mal à gérer sa carrière. Elle n'arrive à gagner que la médaille de bronze en 2000, à Sydney.

LA PIANISTE

Micheline Ostermeyer grandit en Tunisie, où elle développe un don pour le piano. Elle revient en France pour entrer au Conservatoire, avant de retourner dans son pays d'adoption durant la Seconde Guerre mondiale, où elle s'initie à l'athlétisme sous la férule paternelle. Après la guerre, elle remporte le premier prix du Conservatoire de Paris et devient concertiste. Elle continue cependant le sport et se qualifie pour les Jeux de Londres, en 1948. Elle devient double médaillée d'or au disque et au poids. C'est la 1re athlète française championne olympique. Au soir de l'épreuve du poids, elle donne un concert. Il ne faudrait pas oublier la musique, quand même. Dès le lendemain, elle est sur le stade et monte sur la 3e marche du podium au saut en hauteur. C'est une athlète accomplie. Elle remporte 13 titres de championne de France dans des disciplines différentes : 60 m, 80 m haies, relais, hauteur, poids, disque, pentathlon, battant au passage plusieurs records nationaux. Elle arrête le sport dès 1951 pour se consacrer à sa carrière très prenante de concertiste puis enseigner au conservatoire de Lorient. Cette femme exceptionnelle est immortalisée par une statue de bronze sculptée par Jacques Gestalder, la représentant dans la position du discobole. On peut voir cette œuvre en bordure du stade d'athlétisme de l'Insep, à Paris.

LA LONGUEUR

Le saut en longueur est présent dans le programme des 1ers Jeux olympiques, à Athènes, en 1996. Cette discipline est accessible aux femmes à compter des JO de Londres, en 1948. Au bout d'une course d'élan (au minimum de 40 m), il faut absolument respecter la marque qui délimite le début du saut. Si le pied va trop loin, l'essai est considéré comme « mordu » et ne compte pas. Les concurrents sautent à 3 reprises, les 8 meilleurs bénéficient de 3 essais supplémentaires.

LE BEL ESPRIT OLYMPIQUE

Jesse Owens est le 1er champion de sprint à s'essayer à la longueur. On sait combien la course d'élan est primordiale dans cette discipline. Jesse ne tarde pas à assimiler les bases techniques du saut, et il réussit un record du monde à 8,13 m en 1935. Personne n'ira plus loin pendant 25 ans. En août 1936, les JO de Berlin se présentent. Jesse a raté ses 2 premiers sauts aux qualifications. Il ne s'agit pourtant que de passer 7,15 m. Heureusement, son principal adversaire, l'Allemand Luz Long, le conseille et il réussit à son 3e et dernier essai. En finale, Owens réalise un 1er saut à 7,74 m, qui lui permet de prendre la tête de la compétition. Long le rejoint à 7,74 m au 2e essai. L'Américain sort alors un bond à 7,87 m, que Long égalise quelques minutes plus tard à son 5e essai, applaudi par un stade en furie. Jesse se concentre longuement, effectue une course d'élan très rapide et réussit 7,94 m. Luz Long, prenant tous les risques pour rejoindre le leader, mord son dernier essai. Owens parachève son succès en franchissant 8,06 m à son dernier essai, nouveau record des JO. Le premier à le féliciter est son adversaire du jour, un bel exemple d'esprit olympique, une accolade fraternelle et courageuse sous les yeux d'Hitler qui espérait voir triompher la race aryenne.

LES 3 COULEURS

Ralph Boston est très rapide et à l'aise dans toutes les disciplines. Cet athlète complet a une technique remarquable et un double ciseau quasi parfait dans l'épreuve du saut en longueur. En août 1960, il bat le mythique record de Jesse Owens en sautant 8,21 m. Quelques jours plus tard, aux JO de Rome, c'est un concours fantastique dans lequel 4 hommes vont sauter au-delà de 8 m. Le Soviétique Ter-Ovanessian franchit 8,04 m, record d'Europe, privant de podium l'Allemand Steinbach à 8 m. Boston réussit 8,12 m à son 3e essai, nouveau record olympique. Il croit avoir gagné, mais son compatriote Irvin Roberson s'élance pour retomber à 8,11 m. Ralph devient médaillé d'or pour 1 petit centimètre. Par la suite, on assiste à une lutte entre Boston et le Prince Igor (Ter-Ovanessian) pour s'approprier le record du monde qu'ils amèneront jusqu'à 8,35 m. Aux JO de Tokyo, en 1964, le temps est exécrable et les frères ennemis vont échouer dans la conquête de la médaille d'or, que le Gallois Lynn Davies remporte. Ralph est 2e, devant Igor 3e. Au JO de Mexico en 1968, il finit en bronze avec 8,16 m. Une médaille de chaque couleur pour l'un des meilleurs sauteurs de l'histoire de la discipline.

LE SAUT HISTORIQUE

Bob Beamon fait partie de ces jeunes athlètes qui contestent la suprématie de Boston. Aux championnats des États-Unis, il s'impose avec un bond mesuré à 8,33 m. Il le devance également aux sélections américaines. La finale de la longueur des JO de Mexico, en 1968, promet un beau spectacle, tous les concurrents se tenant dans un mouchoir de poche, bien au-delà de 8 m. Il est 15 h 45, l'orage gronde au-dessus de Mexico, quand Bob Beamon démarre la course d'élan de son 1er essai. On veut mesurer son saut, mais aucun instrument n'en est capable, on prend alors la bonne vieille méthode du mètre ruban. Et le résultat fait l'effet d'une bombe : 8,90 m, 55 cm de plus que l'ancien record du monde, incroyable ! Beamon ne comprend pas, c'est Ralph Boston qui lui explique. Tous les experts ont essayé d'analyser le saut et les conditions climatiques, tout a été dit, mais un fait est là : l'exploit est historique.

LE ROI CARL A SONNÉ 4 FOIS

Une nouvelle étoile apparaît dans le ciel des États-Unis : Carl Lewis. En 1982, il saute 8,76 m. Il saute encore plus loin, à plus de 9 m, mais malheureusement il a légèrement mordu. Aux JO de Los Angeles, en 1984, il remporte la médaille d'or avec 8,54 m, en toute décontraction. Il ne fera qu'un autre essai, obnubilé par sa quête de performances, car il veut absolument égaler Jesse Owens en gagnant 4 médailles d'or. Et il réussit cet exploit ! Aux JO de Séoul, en 1988, il s'empare encore de la médaille d'or avec un saut à 8,72 m. À Barcelone, en 1992, il réalise le triplé, battant Powell à la régulière, avec un bond de 8,67 m. Pour les JO d'Atlanta, en 1996, il franchit 8,50 m à son 3e essai et remporte sa 4e médaille d'or de la spécialité. Ce qui en fait une légende de l'athlétisme !

INVINCIBLE CARL ?

Malgré son palmarès olympique incomparable, son plus beau concours est en fait une défaite : les Mondiaux de Tokyo, en 1991, le plus dantesque affrontement de l'histoire de la longueur entre 2 monstres sacrés : Carl Lewis et Mike Powell. Il y règne la même atmosphère orageuse qu'à Mexico en 1968. Carl démarre le concours très fort avec un bond à 8,68 m. Powell atteint 8,54 m. Lewis tente d'aller plus loin, il saute 8,83 m, mais avec un vent de 2,3 m/s. Le saut suivant dépasse la marque du record du monde : 8,91 m, mais le vent trop favorable (2,9 m/s) empêche son homologation. À son tour, Mike Powell s'élance alors que la pluie orageuse commence à tomber. Il atterrit 8,95 m plus loin. Il a battu le record du monde ! Carl Lewis reste concentré, il effectue ses 2 derniers sauts, mesurés à 8,87 m (son record personnel) et à 8,84 m. Il perd son invincibilité dans cette épreuve sur laquelle il aura régné pendant 10 ans. Quel concours ! Pas une longueur inférieure à 8,54 m. Qui dit mieux ?

LA DOUBLETTE D'HEIKE

Heike Drechsler est la favorite des JO de Los Angeles, en 1984, tout auréolée de son record personnel à 7,14 m. Mais son pays, la RDA, boycotte la compétition. En 1985, elle porte le record du monde à 7,45 m. À Séoul, en 1988, elle prend la médaille d'argent avec 7,22 m, derrière l'intouchable Joyner-Kersee, record olympique avec 7,40 m. En 1992, à Barcelone, elle prend sa revanche et obtient l'or, avec 7,14 m. Une blessure au genou droit l'empêche de défendre son titre à Atlanta. Mais elle est de nouveau sur la piste aux JO de Sydney, en 2000, à 35 ans. Elle dame le pion à Fiona May et Marion Jones, avec 6,99 m. Excusez du peu !

RO ♂ **8,90 m**
par l'Américain Bob Beamon (Mexico, 1968)

RO ♀ **7,40 m**
par l'Américaine Jackie Joyner-Kersee (Séoul, 1988)

RM ♂ **8,95 m**
par l'Américain Mike Powell (1991)

RM ♀ **7,52 m**
par la Russe Galina Chistyakova (1988)

LE TRIPLE SAUT

Le triple saut est une épreuve qui figure au programme olympique depuis 1896, à Athènes. Les femmes peuvent concourir à partir de 1996, à Atlanta. Après une course d'élan, l'athlète effectue un 1er saut, sorte de cloche-pied, qui lui permet de retomber sur son pied d'appel, le 2e saut est plutôt un grand pas en extension et le 3e un véritable saut en longueur.

FOLKLORE IRLANDAIS

L'origine du triple saut serait un jeu irlandais. On en trouve trace dans différents documents du milieu du XIXe siècle relatant des fêtes traditionnelles. Ce n'est donc pas étonnant que les athlètes d'Irlande, du Royaume-Uni et des Américains d'origine celte en fassent leur terrain privilégié. Au départ, le triple saut a du mal à apparaître comme une spécialité athlétique à part entière. Il est un peu déconsidéré, une sorte de refuge pour sauteurs en longueur aux performances moyennes. Mais il va acquérir petit à petit ses lettres de noblesse en s'ouvrant à d'autres nationalités, comme le Japon, le Brésil ou les pays de l'Est.

L'ATHLÈTE ÉCRIVAIN

James Connolly est un Américain d'origine irlandaise. L'université d'Harvard, où il est étudiant, ne lui permet pas d'aménager son emploi du temps pour participer aux 1ers Jeux modernes. Il arrête alors ses études et va entamer un long voyage de 3 semaines jusqu'en Grèce, financé en partie par les ventes de gâteaux qu'il organise lors de fêtes locales. Arrivé à peine avant le début des épreuves, il remporte le 1er titre olympique attribué lors de ces Jeux, avec un triple saut de 13,71 m. Mais James n'a pas fait tout ce trajet pour une seule médaille. Il s'inscrit au saut en hauteur où il glane l'argent et au saut en longueur où il gagne le bronze. Aux JO de Paris, en 1900, il repart avec la médaille d'argent au triple saut. L'université d'Harvard, un peu honteuse de son attitude, lui décerne le titre de Docteur honoris causa. Par la suite, il devient journaliste et se met à écrire. Il publiera 25 romans et plus de 200 nouvelles sur un sujet qui le passionne : les voyages et les récits maritimes. Il sera même couronné d'un prix Pulitzer.

LE RECORDMAN

Le Brésilien Adhemar da Silva obtient le titre olympique en 1952. 4 de ses essais vont au-delà de la marque du record du monde. En 1956, à Melbourne, il gagne de nouveau l'or, battant le record olympique : 16,84 m. Il est aussi licencié au São Paulo Futbol Clube, dont le maillot arbore 2 étoiles en l'honneur de ses titres olympiques.

LA BARRE DES 17

Le Polonais Josef Schmidt est le 1er homme à sauter au-delà des 17 m. Il est double champion olympique, à Rome en 1960 et à Tokyo en 1964.

LA PASSE DE 4 ?

Viktor Saneevi est un athlète géorgien, dont le nom est souvent russifié en Saneyev. Il concourt effectivement pour l'URSS. Très rapide sur 100 m et très bon en longueur, il décide de se spécialiser en triple saut. Aux Jeux de Mexico, en 1968, il remporte le concours à la surprise générale, avec un bond de 17,39 m, nouveau record du monde. Il conserve sa couronne aux JO de Munich, en 1972. À Montréal, en 1976, il gagne sa 3e médaille d'or, avec un saut de 17,29 m. Blessé par la suite, il doit subir une opération de la jambe. Mais il veut gagner absolument un 4e titre, surtout devant son public à Moscou, en 1980. Il échoue de peu avec un bond de 17,24 m, qui lui vaut quand même la médaille d'argent. À ce jour, c'est le triple-sauteur le plus médaillé aux JO.

RO ♀

15,39 m

par la Camerounaise Françoise Mbango Etone (Pékin, 2008)

RM ♀

15,50 m

par l'Ukrainienne Inessa Kravets (1995)

RO ♂

18,09 m

par l'Américain Kenny Harrison (Atlanta, 1996)

RM ♂

18,29 m

par le Britannique Jonathan Edwards (1995)

1069

JONATHAN LE GOÉLAND

C'est le surnom qu'ont donné certains journalistes à Jonathan Edwards, en référence au célèbre livre de Richard Bach. Jonathan est élevé dans un strict respect de la religion par son père, vicaire baptiste, ce qui l'amène à refuser de concourir le dimanche, le jour du Seigneur. Il se qualifie pour les Jeux de Séoul, en 1988, mais ne franchit pas le stade des qualifications. Il finit ensuite 3e de la Coupe du monde avec un bond de 17,28 m. C'est un nouvel échec qui l'attend à Barcelone en 1992, il est incapable de se hisser en finale. Il se remet alors totalement en cause, révisant sa technique, en particulier en raccourcissant ses appuis, et acceptant de concourir le dimanche. Et c'est le déclic. En 1995, au championnat du monde, il établit un nouveau record en sautant 18,29 m. Personne n'a pu le dépasser à ce jour. Mais il ne concrétise toujours pas aux JO, terminant à la 2e place à Atlanta, en 1996. Enfin, en 2000, aux JO de Sydney, à l'âge de 34 ans, il obtient sa 1re médaille d'or olympique, avec 17,71 m. Blessé, il met fin à sa carrière d'athlète en 2003, non sans avoir encore sauté 17,61 m à 37 ans. Sacré Goéland !

LE FRANÇAIS VOLANT

Teddy Tamgho est un triple-sauteur français qui détient le record du monde en salle avec 17,92 m. Il réussit les minima olympiques pour Pékin en 2008, mais malheureusement hors délais. Pour les JO de Londres, en 2012, il est blessé. En 2013, il devient champion du monde à Moscou avec un bond de 18,04 m, une des meilleures performances mondiales. Nouveau pépin physique à l'automne 2013, il se fracture le tibia. Cet arrêt sur blessure est suivi d'une suspension de 1 an pour ne pas avoir respecté 3 contrôles antidopage. Mais le sort s'acharne sur lui. Il a à peine repris qu'il est victime d'une rupture du tendon d'Achille. Son objectif aujourd'hui : être totalement remis pour les JO de Rio, en 2016.

LA HAUTEUR

Cette discipline est présente dès les 1ers Jeux à Athènes, en 1896. Les femmes participent à cette épreuve pour la 1re fois à Amsterdam en 1928. Après une course d'élan rapide, il faut franchir une barre amovible. Les concurrents ont droit à 3 essais à chaque hauteur. Quand un sauteur rate une barre, il peut conserver les essais qui lui restent pour la hauteur suivante.

DU CISEAU AU VENTRAL

La technique basique du saut en hauteur est pendant longtemps le « ciseau ». Elle est remplacée petit à petit par le « rouleau ventral », dont le Russe Valeriy Brumel est un adepte. Avec ses entraîneurs, il va perfectionner son saut à l'extrême et travailler sa course d'élan et son impulsion. Il a 18 ans en 1960 quand il franchit 2,03 m en janvier, puis 2,17 m en août, record d'Europe. Qualifié pour les JO de Rome, il va être opposé à l'Américain John Thomas, grandissime favori et récent recordman du monde avec 2,22 m. Le champion américain craque dans la guerre d'usure de ce concours, il n'arrive pas à effacer la barre à 2,16 m. Pendant ce temps, Brumel, allongé sur la pelouse, est plongé dans la lecture d'un ouvrage. Il ne le ferme que pour franchir des hauteurs. Il récolte la médaille d'argent, derrière son compatriote Shavlakadze, gagnant au nombre d'essais. Puis il améliore le record du monde à plusieurs reprises pour l'amener à la hauteur de 2,28 m en 1963. Mais le nombre élevé de compétitions auxquelles il a participé provoque une tendinite qui entrave sa préparation. Aux JO de Tokyo, en 1964, il se qualifie difficilement pour la finale avec un saut modeste à 2,03 m. Après un début de concours laborieux, Brumel trouve les ressources pour atteindre 2,18 m et, au nombre d'essais, il remporte la médaille d'or. Il a à peine 23 ans quand un grave accident de moto, dans lequel il manque de perdre une jambe, le handicape fortement et marque malheureusement la fin de sa carrière de haut niveau. Jusqu'où serait-il allé sans cet arrêt brutal ?

RO ♂ **2,39 m** par l'Américain Charles Austin (Atlanta, 1996)	RM ♂ **2,45 m** par le Cubain Javier Sotomayor (1993)
RO ♀ **2,06 m** par la Russe Elena Slesarenko (Athènes, 2004)	RM ♀ **2,09 m** par la Bulgare Stefka Kostadinova (1987)

DU VENTRAL AU DORSAL

Pendant l'été 1968, lors des JO de Mexico, le saut en hauteur est révolutionné par un homme, Dick Fosbury. Sa technique de saut est très originale, puisque c'est une sorte de « ventral inversé », la barre est passée en sautant de dos. Heureusement que les sautoirs ont été équipés de matelas synthétiques pour amortir les chocs. Il se qualifie aux sélections américaines avec un bond de 2,21 m. À Mexico, le « Fosbury flop » (autre nom de cette technique) est longuement applaudi par le public. Il franchit toutes les hauteurs au 1er essai. À 2,24 m, il est le seul encore en lice et passe la barre à son 3e essai. Il remporte le titre et établit un nouveau record olympique. Son saut est d'abord contesté par les juges, puis validé après examen du règlement. Il a mis au point cette technique – déjà utilisée par quelques sauteurs – car il plafonnait à 1,80 m en ciseau et qu'il était totalement imperméable au mouvement du rouleau ventral. Tous les grands sauteurs vont adopter le rouleau dorsal qui permet une nouvelle progression du record. Lassé de toute la foire médiatique qu'il a lui-même provoquée, Fosbury ne réussit pas à se qualifier pour les JO de 1972. Il obtient son diplôme d'ingénieur des Ponts et Chaussées et prend sa retraite sportive. Les experts se sont longuement penchés sur ce saut et sa course d'élan qui fait une courbe. Pourtant, pas de savant calcul là-dedans, avouera Dick plus tard, un arbre planté à côté du sautoir d'entraînement l'obligeait à courir ainsi.

SOTO EL MAGNIFICO

Encore junior, en 1984, Javier Sotomayor franchit 2,33 m et signe le nouveau record de son pays. Il ne peut prendre part aux JO de Los Angeles, Cuba boycottant les Jeux. Il continue sa progression et saute 2,36 m en 1986. Il vise les JO de Séoul, mais en 1988 Cuba boycotte également les Jeux en soutien à la Corée du Nord. Cela ne l'empêche pas de bondir à 2,43 m, nouveau record mondial. Il peut enfin participer aux JO de Barcelone en 1992. Il fait horriblement chaud, mais 5 athlètes arrivent à se hisser à 2,34 m. Seul Javier réussit cette hauteur au 1er essai, et il remporte la médaille d'or. En plein mois de juillet 1993, à Salamanque, il devient recordman du monde avec 2,45 m à son 2e essai. Très diminué par une blessure aux JO d'Atlanta en 1996, il ne peut défendre ses chances, terminant 11e du concours. En 2000, à Sydney, il franchit 2,32 m, empochant la médaille d'argent derrière le Russe Klyugin (2,35 m). La fin de sa carrière est difficile, minée par de sombres affaires de dopage à la nandrolone. En 2002, il est suspendu à vie par les instances internationales. Durant sa période d'activité, il aura franchi la barre de 2,40 m à 21 reprises. Il est toujours détenteur du record du monde.

L'IMBATTABLE ROUMAINE

La Roumaine Yolande Balas établit en 1956 un nouveau record du monde avec 1,75 m. Malheureusement malade pour les JO de Melbourne, elle ne peut défendre ses chances. Mais elle récupère vite la propriété du record du monde en franchissant 1,80 m. Elle va rester invaincue sur les sautoirs pendant 11 ans. Elle remporte la médaille d'or aux JO de Rome en 1960, porte le record du monde à 1,91 m, et elle s'adjuge un 2nd titre aux JO de Tokyo, en 1964, avec un saut à 1,90 m. Ne progressant plus, elle se détourne du saut en hauteur. Il faut attendre 1971 et la technique du Fosbury flop pour que son record du monde soit battu.

12 ANS APRÈS…

Ulrike Meyfarth vient de fêter ses 16 ans. Sur le sautoir des JO de Munich, en 1972, on dirait une habituée des podiums. La jeune Allemande franchit toutes les barres à son 1er essai en Fosbury flop, jusqu'à atteindre 1,92 m. Battant le record olympique et égalant le record du monde, c'est la plus jeune championne olympique d'athlétisme. Liesse dans le stade, une idole est née. Puis c'est le trou noir. Elle ne parvient pas à se qualifier pour la finale des JO de Montréal en 1976, les JO de Moscou sont boycottés par son pays, on la croit perdue. C'est compter sans sa rage de vaincre, elle établit un nouveau record mondial en 2,02 m à la Coupe d'Europe de 1982. À Los Angeles, en 1984, elle va redevenir championne olympique 12 ans après son 1er succès : cette fois, elle est sacrée championne la plus âgée du saut en hauteur. Elle franchit 2,02 m, nouveau record olympique, avant de raccrocher sereinement les pointes.

LA PERCHE

Le saut à la perche est présent depuis les 1ers Jeux, en 1896, à Athènes. Les femmes peuvent concourir uniquement depuis les JO de Sydney, en 2000.

L'OR POUR 2

En 1908, à Londres, 2 sauteurs, Edward Cooke et Alfred Gilbert, réalisent la même performance, à 3,71 m. Les officiels annoncent l'arrivée du marathon et le concours ne peut pas se prolonger, faute de temps. Les 2 hommes vont recevoir chacun une médaille d'or, celle d'argent n'est donc pas attribuée.

ARGENT OU BRONZE ?

En 1936, à Berlin, 2 perchistes japonais, Shuhei Nishida et Sueo Oe, franchissent la même hauteur en finale et se retrouvent ex aequo. Ils refusent de sauter de nouveau pour se départager, les officiels décident de tirer au sort. Le 1er nommé aura l'argent et le 2e le bronze. Les 2 athlètes découpent alors leurs médailles respectives et en soudent les 2 morceaux. Pour eux, ce seront des médailles exceptionnelles : moitié argent et moitié bronze.

TARZAN À LA PERCHE

L'Américain Don Bragg salue son titre olympique de 1960 avec le célèbre cri de Tarzan. Son rêve de ressembler à son héros favori se réalise en 1964 quand l'industrie du cinéma l'embauche pour incarner le rôle principal du film *Tarzan et les joyaux d'Opar*. Mais le film n'est jamais achevé, suite à un différend avec les auteurs.

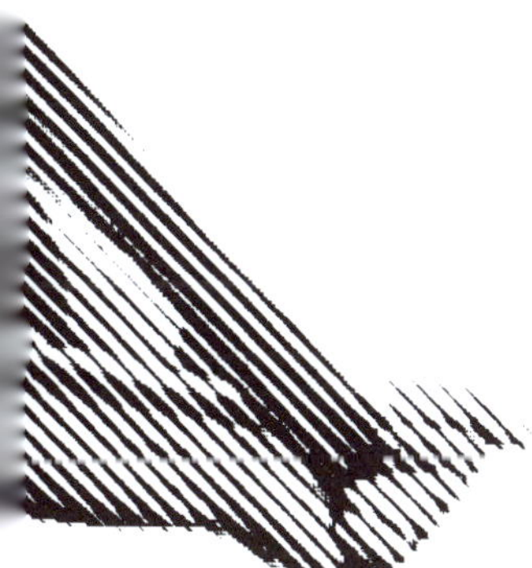

LE BRAS D'HONNEUR

Wladyslaw Kozakiewicz est polonais. Il remporte la médaille d'or aux JO de Moscou, en 1980, en battant le record du monde avec 5,78 m. À toutes ses tentatives, le public moscovite l'a copieusement sifflé, honteusement insulté car il prenait le dessus sur le Soviétique Konstantin Volkov. À la réception de son dernier saut, il ne peut s'empêcher d'adresser un bras d'honneur en direction des gradins. L'image fait le tour du monde, ce geste est interprété comme le symbole de la résistance du peuple polonais face à l'ogre soviétique. Les officiels soviétiques demandent des sanctions, mais les responsables polonais invoquent un « spasme musculaire involontaire ». L'athlète conserve son titre, mais il est poursuivi, harcelé au point qu'il est obligé de se réfugier en Allemagne de l'Ouest 2 ans plus tard.

LA PERCHE, UNE SPÉCIALITÉ FRANÇAISE ?

Le groupe d'entraînement du Racing Club de France, dirigé par Jean-Claude Perrin, est composé de deux pépites. En 1984, aux JO de Los Angeles boycottés par l'URSS, Pierre Quinon remporte la médaille d'or, avec 5,75 m à son 1er essai. Thierry Vigneron le rejoint sur le podium avec la médaille de bronze pour un saut à 5,60 m. Un autre Français, entraîné lui par Maurice Houvion, va s'illustrer aux JO d'Atlanta, en 1996 : Jean Galfione. Il obtient la médaille d'or avec un saut de 5,92 m, record olympique.

LA DÉCEPTION DU TSAR

Sergueï Bubka est un perchiste exceptionnel : il a réalisé 46 sauts au-delà des 6 m. Il bat le record du monde de la spécialité à 35 reprises pour l'établir à 6,14 m en 1994, à Sestrières. Il est également recordman du monde en salle avec un saut à 6,15 m. Il aurait dû tout gagner tant il domine le saut à la perche, mais ses rendez-vous avec les Jeux ont toujours généré une déception profonde en lui. En 1984, il est privé de JO, le bloc soviétique boycottant la manifestation. En 1988, à Séoul, il remporte la médaille d'or en établissant un nouveau record olympique à 5,90 m. À Barcelone, en 1992, il est grandissime favori, il vient de franchir 6,12 m en salle. Il échoue à toutes ses tentatives de saut et il finit 11e et dernier du classement. En 1996, à Atlanta, une inflammation du tendon d'Achille se déclare la veille de la compétition et empêche sa participation. Et à Sydney, en 2000, il ne parvient pas à passer le cap des qualifications pour accéder à la finale. Durant sa longue carrière, il est 6 fois champion du monde, battant tous les records, mais les JO, c'est pas « son truc » !

CHARENTAIS OU AUVERGNAT VOLANT ?

Natif de Charente mais auvergnat d'adoption (son club est à Clermont), Renaud Lavillenie est l'actuel détenteur du record du monde, qu'il a battu à Donetsk, sous les yeux de Bubka, en franchissant 6,16 m. Aux JO de Londres, en 2012, il efface toutes les barres au 1er essai jusqu'à 5,85 m. Ils sont 3 à cette hauteur, 2 Allemands et lui. Il est sûr d'être sur le podium. Mais il veut absolument gagner. Ses adversaires, Björn Otto et Raphael Holzdeppe, passent 5,91 m à leur 1er essai. Pour lui, ça coince ! Il décide de faire l'impasse et demande la barre à 5,97 m. Il est le seul à franchir cette hauteur et remporte la médaille d'or, en améliorant le record olympique. Il a déjà franchi les 6 m à 16 reprises. Comme il n'aura que 30 ans aux JO de Rio, tout espoir est permis.

LA TSARINE

L'Américaine Stacy Dragila devient la 1re championne olympique de la spécialité aux JO de Sydney, avec un saut de 4,60 m. Mais depuis, c'est Yelena Isinbayeva qui fait la loi sur les sautoirs. La « Tsarine » détient le record du monde avec 5,06 m. Elle remporte la médaille d'or à Athènes, en 2004, et obtient en 2008, à Pékin, sa 2e médaille d'or, avec un saut de 5,05 m, nouveau record olympique. Fatiguée, elle décide de prendre une année sabbatique. Elle revient à la compétition aux JO de Londres, en 2012. Elle empoche la médaille de bronze. Dès 2013, elle annonce une nouvelle pause dans sa carrière et en 2014 naît sa fille Eva. Elle reprend le chemin de l'entraînement durant l'été 2015, avec pour objectif les Jeux de Rio de 2016.

RO ♂ **5,97 m** par le Français Renaud Lavillenie (Londres, 2012)	RO ♀ **5,05 m** par la Russe Yelena Isinbayeva (Pékin, 2008)
RM ♂ **6,16 m** par le Français Renaud Lavillenie (2014)	RM ♀ **5,06 m** par la Russe Yelena Isinbayeva (2009)

LES ÉPREUVES COMBINÉES

- DÉCATHLON ♂, HEPTATHLON ♀ -

LE DÉCATHLON

Comme son nom l'indique, le décathlon comporte 10 épreuves, qui se déroulent sur 2 journées. Il est réservé aux hommes. 4 courses : 100 m, 400 m, 110 m haies et 1 500 m ; 3 sauts : longueur, hauteur et perche ; 3 lancers : poids, disque et javelot. On attribue à chaque performance un certain nombre de points. Le vainqueur est celui qui comptabilise le plus de points au bout des 2 jours. Le décathlon est apparu aux Jeux de Stockholm, en 1912.

L'HEPTATHLON

L'heptathlon est réservé aux femmes et comporte 7 épreuves. 3 courses : 100 m haies, 200 m et 800 m ; 2 sauts : longueur et hauteur ; 2 lancers : poids et javelot. Le système de comptabilisation des points est le même qu'au décathlon. L'heptathlon est apparu aux Jeux de Los Angeles, en 1984.

LE 1er VAINQUEUR

Il s'appelle Jim Thorpe. Il est américain, d'origine indienne. À la surprise générale, il remporte le décathlon à Stockholm, en 1912, devant 3 Suédois. Mais un an plus tard, il est déchu de son titre. Les autorités olympiques lui reprochent des faits de professionnalisme. En effet, en 1909, il a joué dans une équipe de base-ball pour quelques dollars. Il doit rendre sa médaille. Le 2e du classement, Hugo Wieslander, la refuse, estimant avoir été battu à la régulière. En 1943, un mouvement pour la réhabilitation de Jim va naître. Mais rien n'y fait. Thorpe meurt en 1953. Sa demande va quand même finir par aboutir 30 ans après sa mort. Le 18 janvier 1983, ses médailles (décathlon et pentathlon) sont rendues à ses enfants.

ATHLÉTISME ET CINÉMA

Glenn Morris récolte la médaille d'or à Berlin, en 1936. À la fin des Jeux, il est recruté pour jouer le rôle principal du film *La Revanche de Tarzan*. Il partage la vedette avec une championne olympique de natation, Eleanor Holm.

LE PLUS STUPIDE

Jürgen Hingsen, médaille d'argent à Los Angeles en 1984, est taxé par le journal *Bild Zeitung* d'« athlète le plus stupide d'Allemagne » après ses 3 faux départs à la 1re épreuve du décathlon, le 100 m, aux JO de Séoul, en 1988. Ou comment perdre sans avoir parcouru un seul mètre ! Le journal conclut son article par cette formule : « 102 kg (c'est le poids de ce décathlonien), mais combien de grammes de cerveau ? »

LE PLUS FORT

Daley Thompson, de son vrai nom Francis Morgan Oyodélé Thompson, est un des plus grands décathloniens du XXe siècle. De père nigérian et de mère écossaise, il concourt sous la bannière britannique. Il conquiert le titre olympique en 1980, à Moscou, battant le record du monde avec 8 495 points. Il empoche de nouveau la médaille d'or en 1984, avec le record du monde à la clé : 8 847 points. Mais en 1988, à Séoul, il échoue au pied du podium.

LES SEULS DOUBLÉS

Seuls 2 décathloniens ont gagné le titre olympique à 2 reprises : Daley Thompson en 1980 et 1984, et l'Américain Robert Mathias en 1948 et 1952.

LE PLUS COURAGEUX

En 1992, l'Américain Dave Johnson se brise la cheville lors d'un saut. Mais il veut absolument terminer son décathlon ! Il a quand même du mal à avancer dans l'épreuve du 1 500 m. Il finit sous les huées du public, qui pense qu'il ne donne pas tout. Il se classe malgré tout 3e du décathlon.

LE RECORDMAN

Ashton Eaton est le recordman du monde du décathlon avec 9 045 points. Il est également le champion olympique des JO de Londres, en 2012.

ZÉRO POINTÉ

Un zéro à une épreuve entraîne la quasi-élimination d'un athlète. Aux sélections américaines, le champion du monde Dan O'Brien échoue à ses 3 essais à la perche et ne peut prendre part aux Jeux de Barcelone, en 1992. Il se rattrapera en 1996 en remportant le titre.

ABANDON

Ces épreuves combinées sont très difficiles physiquement et moralement. Quand on rate une épreuve, comment trouver la motivation pour continuer ? Aux JO de Pékin, en 2008, 40 athlètes sont inscrits au départ de la 1re épreuve, 14 ne finissent pas le décathlon. En moyenne, près du quart des concurrents abandonne. On comprend mieux le tour d'honneur effectué par tous ceux qui arrivent au bout, du vainqueur au plus mal classé.

LA REINE DE L'HEPTATHLON

Ses parents la prénomment en hommage à la Première dame des États-Unis, Jackie Kennedy. Jackie Joyner-Kersee est la seule athlète à avoir remporté l'heptathlon à 2 reprises, à Séoul, en 1988, et à Barcelone, en 1992, après avoir obtenu une médaille d'argent en 1984, à Los Angeles. C'est aussi une spécialiste du saut en longueur : médaillée d'or à Séoul et double médaillée de bronze à Barcelone et à Atlanta en 1996.

LA CHAMPIONNE SYRIENNE

Ghada Shouaa est une athlète syrienne spécialiste de l'heptathlon. Elle remporte la 1re médaille d'or de son pays à Atlanta, en 1996. Déjà en tête avant la dernière épreuve, elle écrase ses concurrentes en dominant largement le 800 m.

8 893 points
RO ♂
par le Tchèque Roman Sebrle (Athènes, 2004)

9 045 points
RM ♂
par l'Américain Ashton Eaton (2015)

7 291 points
RO & RM ♀
par l'Américaine Jackie Joyner-Kersee (Séoul, 1988)

GYMNASTIQUE

La gymnastique, héritée de la Grèce antique, est présente aux 1ers JO de 1896. Ce sont uniquement les hommes qui concourent jusqu'en 1928, date d'entrée des épreuves féminines.
Aujourd'hui, 3 disciplines composent ce sport : la gymnastique artistique, présente depuis les débuts, à laquelle est venue s'ajouter la gymnastique rythmique en 1984 ; essentiellement féminine, elle portait auparavant l'appellation de GRS (gymnastique rythmique et sportive). Puis, en 2000, apparaît le trampoline, avec des épreuves individuelles masculines et féminines.

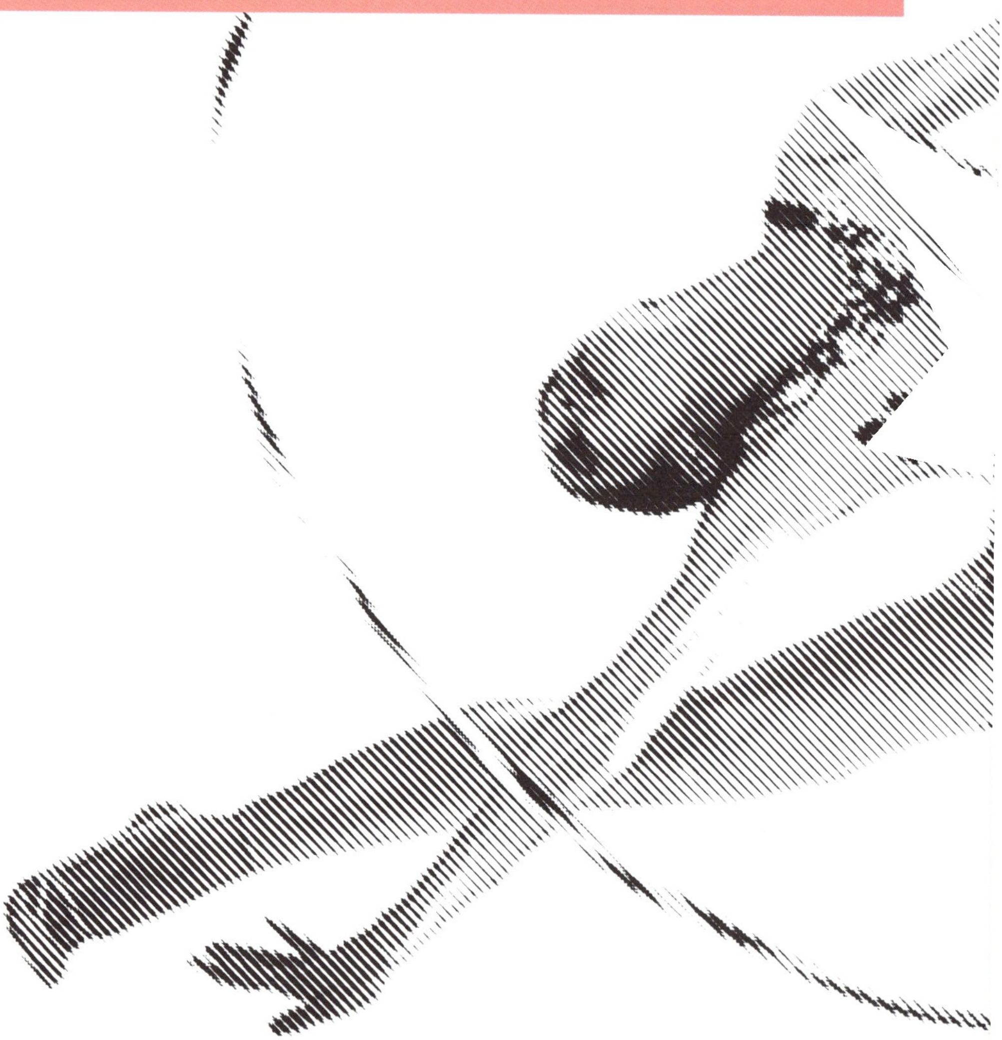

LA GYMNASTIQUE ARTISTIQUE

Les compétitions masculines sont au nombre de 8 : le sol, le cheval-d'arçons, les anneaux, le saut de cheval, les barres parallèles, la barre fixe, auxquels s'ajoutent le concours multiple, remporté par celui qui affiche le meilleur total des notes acquises à ces exercices aux agrès (nom des engins de torture précités), et enfin une compétition par équipe. C'est à Berlin, en 1936, que les épreuves prennent la forme qu'elles ont aujourd'hui.
Les compétitions féminines sont au nombre de 6 : 4 agrès, dont 2 différents des hommes (sol, saut de cheval, barres asymétriques et poutre), le concours multiple et une compétition par équipe. C'est uniquement en 1960, à Rome, que les épreuves sont déterminées de manière définitive.

DRÔLE DE CHEVAL

Inutile de rechercher ce qui peut rappeler un cheval dans le « saut de cheval », l'agrès traditionnel a été remplacé par une table de saut, plus large, depuis 2001 dans toutes les compétitions. L'exercice est très rapide : course d'élan de 25 m, impulsion sur le tremplin, rebond sur l'obstacle avec les mains, réalisation de la figure et arrêt « pilé ». Mais combien d'heures d'entraînement ?

MUSIQUE, MAESTRO !

La musique est obligatoire pour accompagner l'exercice au sol des femmes. Au début, c'était un pianiste au bord de la piste, mais on est rapidement passé aux airs enregistrés pour cadencer les mouvements acrobatiques et chorégraphiques. Malgré l'apparente facilité des concurrentes, c'est un exercice très difficile qui dure 1 min 30 s. Les gymnastes masculins ne bénéficient pas de musique, il y a peu de chorégraphie dans leur exécution, essentiellement acrobatique, mais la démonstration ne dure que 70 s.

ÉPREUVES • CONCOURS MULTIPLE INDIVIDUEL • COMPÉTITION PAR ÉQUIPE • 6 AGRÈS MASCULINS • 4 AGRÈS FÉMININS •

LE PAYS LE PLUS MÉDAILLÉ

Sans conteste, c'est la Russie, avec un total impressionnant de 227 médailles olympiques : 88 en or, 80 en argent et 59 en bronze. N'oublions pas que ce pays n'a rejoint les JO qu'en 1952 !

LES ÉPREUVES DISPARUES

Dans l'esprit des créateurs des JO, la gymnastique devait couvrir un grand nombre de domaines, entre gymnastique et athlétisme. Petit à petit vont être abandonnées des épreuves comme l'escalade, l'acrobatie, la massue, le lever de pierre, la montée à la corde, le tumbling (une série de culbutes sur 25 m), le club swinging (sorte de GRS), et même la natation !

L'INCROYABLE GEORGE

L'Américain George Eyser passe sous un train et perd sa jambe gauche. Qui se soucie d'un unijambiste parmi tous ces gymnastes qui se présentent aux épreuves des Jeux de 1904, à Saint-Louis ? Le 1er athlète paralympique de l'histoire des JO va remporter 6 médailles : l'or aux barres parallèles, au saut de cheval et à la montée à la corde, l'argent au cheval-d'arçons et au combiné 4 épreuves (disparu du programme), et le bronze à la barre fixe.

LE 1er GRAND GYMNASTE SOVIÉTIQUE

Viktor Tchoukarine commence la gymnastique quand il est jeune étudiant, mais la Seconde Guerre mondiale arrive et il doit tout arrêter. Il devient ensuite champion d'URSS 3 années de suite, jusqu'à ce que Staline décide d'envoyer une délégation sportive aux JO de 1952, à Helsinki. Viktor est brillant et remporte 5 médailles individuelles. Il entraîne l'équipe soviétique dans son sillage qui s'adjuge le titre par équipe. À Melbourne, en 1956, il a déjà 35 ans, mais il réalise des performances éblouissantes, ramenant encore 5 médailles. Au total : 7 en or, 3 en argent et 1 en bronze.

LE PLUS MÉDAILLÉ

Le Soviétique Nikolai Andrianov est le 3e homme le plus médaillé des JO, avec 15 médailles : 3 en 1972, à Munich, 7 en 1976, à Montréal (le plus grand total des Jeux cette année-là) et 5 en 1980, devant son public, à Moscou.

L'EXCEPTIONNEL KATO

Sawao Kato représente bien l'école japonaise de gymnastique qui, grâce à lui, va remporter la compétition par équipe durant 3 olympiades. Kato glane au total 12 médailles olympiques, dont 8 en or, entre 1968 et 1976.

227 gymnastes russes médaillés olympiques : 121 ♂ & 106 ♀

ABNÉGATION

JO de Montréal, en 1976, le Japonais Shun Fujimoto se casse la rotule pendant un exercice au sol. Il cache sa blessure, car l'équipe de son pays peut espérer une médaille. S'il abandonne, c'est fichu. Plus que 2 épreuves : il réussit le cheval-d'arçons, un peu par miracle. Il fait une bonne prestation aux anneaux, mais à la réception le genou refuse d'obéir. Ce courage est récompensé d'une médaille d'or par équipe.

LES MÉDAILLES NIPPONES

L'équipe masculine de gymnastique du Japon a remporté 91 médailles : 28 en or, 30 en argent, 33 en bronze. Elle est 2e au classement olympique.

LE RETOUR DES RUSSES

Alexander Dityatin établit le record du plus grand nombre de médailles obtenues lors des mêmes Jeux : 8, en 1980, à Moscou. Ce record sera égalé par le nageur américain Michael Phelps, en 2008. Il reste le seul au monde à avoir empoché une médaille olympique dans chaque épreuve de gymnastique artistique. 10 médailles au total !

LA PLUS MÉDAILLÉE

La gymnaste soviétique Larissa Latynina a été, pendant 48 ans, l'athlète la plus médaillée des Jeux, avec 18 médailles : 9 en or, 5 en argent et 4 en bronze, qu'elle a conquises entre 1956 et 1964. Il faut attendre 2012, à Londres, pour que le nageur américain Michael Phelps – encore lui ! – batte ce record.

LE PLUS JEUNE

Le Grec Dimitrios Loundras gagne le bronze aux barres parallèles à Athènes en 1896. Il est âgé de 10 ans et 218 jours.

LA PLUS ÂGÉE

C'est la Hongroise Agnes Keleti, qui fête ses 35 ans à Melbourne, en 1956. Un mois auparavant, son pays a été envahi par l'URSS et sa mère est décédée durant l'invasion. Tenant la dragée haute aux gymnastes soviétiques, elle remporte 4 médailles d'or et 2 d'argent, qu'il faut ajouter aux 4 déjà acquises à Helsinki en 1952. Alors qu'elle termine 2e du concours multiple individuel, elle va féliciter avec le sourire la Russe Larissa Latynina, beau fair-play vu les derniers événements qui ont bousculé sa vie. Au terme des JO, elle demande l'asile politique à l'Australie, refusant de retourner dans son pays occupé.

LA PLUS JEUNE

La Roumaine Nadia Comaneci est la plus jeune gymnaste à avoir remporté le concours multiple, à l'âge de 14 ans. Impossible de lui ravir ce titre ! Les règles ont changé depuis, il faut maintenant avoir au minimum 16 ans pour concourir.

10/10

Les superlatifs manquent aux commentateurs quand Nadia Comaneci réalise exploit sur exploit aux JO de Montréal, en 1976. Tout d'abord aux barres asymétriques. C'est la 1re fois qu'une gymnaste obtient la note de 10. Les tableaux des scores s'affolent, ce n'est pas prévu. Les officiels, un peu piteux, finissent par afficher 1.00 au lieu de 10.0. Ils croyaient la chose impossible ! Durant ces JO, elle va recevoir un 10 à 7 reprises. Médaille d'or incontestable du concours multiple, elle obtient également 4 autres médailles. À Moscou, en 1980, elle glane encore 4 médailles. C'est elle qui donne ses lettres de noblesse à la gymnastique et qui la rend populaire auprès de milliers de téléspectateurs.

DANS L'OMBRE DE NADIA

La Soviétique Nellie Kim obtient la note maximale de 10 à 2 reprises, mais cela passe un peu inaperçu, tout le monde ne voit que Nadia Comaneci. Pourtant Nellie gagne 4 médailles en 1976, dont l'or au sol et au saut de cheval. En 1980, à Moscou, elle gagne de nouveau l'or au sol, à égalité parfaite avec la jeune Roumaine. À son actif, 6 médailles olympiques, dont 5 en or, le même total doré que la star Nadia.

TOUT S'ÉCROULE

En 1980, 2 semaines avant les Jeux de Moscou, la Soviétique Yelena Mukhina, championne du monde en titre, chute à l'entraînement et se brise la colonne vertébrale. Elle reste paralysée.

PETIT PROBLÈME DE RÉGLAGE

Le cheval est mal réglé aux JO de Sydney, en 2000. Il n'est qu'à une hauteur de 120 cm au lieu des 125 requis, ce qui trouble fortement les concurrentes. L'Américaine Elise Ray manque de rater le cheval et atterrit sur un parterre de dames. La Russe Svetlana Khorkina chute et tombe sur les genoux. Blessée, la favorite des JO ne montera pas sur le podium.

UNE FRANÇAISE EN OR

Émilie Le Pennec remporte la médaille d'or aux JO d'Athènes en 2004 dans sa spécialité : les barres asymétriques, avec la note de 9,687/10. Depuis sa retraite sportive, elle exerce le métier de kiné à Paris.

BON SANG NE SAURAIT MENTIR

L'Américaine Nastia Liukin est la fille de l'ancien gymnaste Valeri Liukin (le 1er homme à avoir réussi un triple salto arrière, 4 médailles olympiques à Séoul en 1988) et de la championne du monde 1987 de gymnastique rythmique Anna Kotchneva Liukin, tous deux désormais résidant aux États-Unis. Elle remporte la médaille d'or au concours multiple des JO de Pékin, en 2008, ainsi que 4 autres médailles.

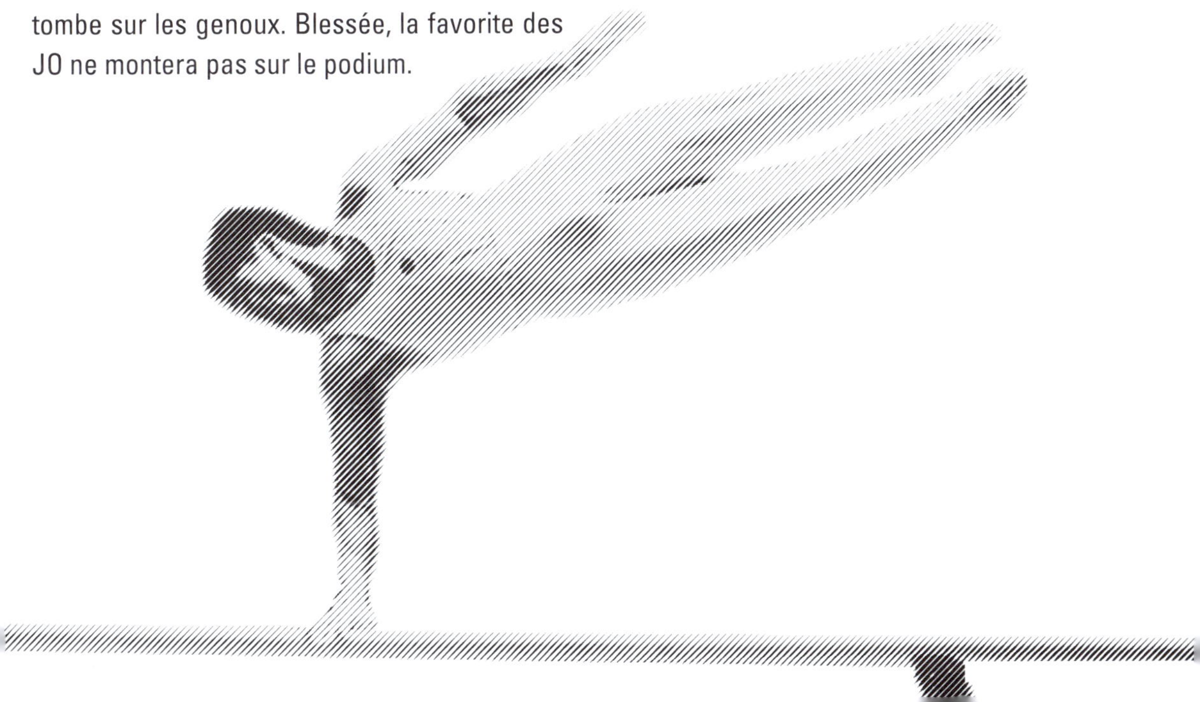

LA GYMNASTIQUE RYTHMIQUE

À l'origine, ce sont des entraînements pour les gymnastes des clubs de l'Union soviétique de l'après-guerre. Les dirigeants ont peur qu'elles se lassent des efforts répétitifs de la gymnastique traditionnelle, ils ont alors l'idée de rendre ces exercices ludiques à l'aide d'objets. Cette gymnastique rythmique et sportive (GRS) devient un sport à part entière. Un 1er championnat a lieu à Moscou, en 1948. La GRS devient discipline olympique en 1984 pour le concours individuel et en 1996 pour le concours par équipe. On l'appelle ainsi jusqu'en 1998. Son nom est ensuite simplifié en gymnastique rythmique. Chaque pays peut qualifier jusqu'à 3 concurrentes individuelles et une équipe de 5 gymnastes.

TECHNIQUE

Ce sport, réservé aux femmes aux JO, a une forte dimension artistique, proche de la danse classique. Les mouvements sont toujours accompagnés de musique. Les concurrentes utilisent plusieurs objets, appelés engins d'adresse, pour effectuer leurs enchaînements : ballon, cerceau, corde, massues et ruban. Sur un tapis de 13 m x 13 m, chaque exercice dure 90 s. Par équipe, le temps est plus long, 2 min 30 s, mais les gymnastes n'utilisent pas tous les engins, seulement 1 ou 2.

LES ENGINS

Même si le cerceau est décoré avec des adhésifs colorés, il n'est pas si facile à manier avec son diamètre de 90 cm et son poids de 300 g. Mais que dire de la paire de massues, en bois ou en synthétique, d'une longueur de 50 cm, dont le poids requis est au moins de 150 g ? La longueur de la corde est adaptée à la taille de la gymnaste. Le ballon, lui, pèse 400 g et doit toujours être en mouvement, jamais tenu.

LE RUBAN, ROI DES ENGINS

C'est l'engin le plus spectaculaire avec ses 6 m de longueur au bout de sa baguette de 50 cm. Il doit toujours être en mouvement et ne jamais toucher le sol. Les concurrentes doivent effectuer des mouvements très amples pour que le ruban ne forme pas de nœuds.

LE PLUS GRAND NOMBRE DE MÉDAILLES

La Russie est loin devant tous les autres pays : 14 médailles, dont 8 en or. Par équipe, si les Russes ont fini 3es en 1996 (titre remporté par l'Espagne), elles raflent tous les titres depuis Sydney, en 2000.

LE DOUBLÉ

Seule la Russe Evguenia Kanaïeva a réussi à remporter 2 victoires successives : à Séoul, en 2008, et à Londres, en 2012. Entre ses 2 titres, elle établit un autre record en remportant toutes les médailles d'or possibles (6) au cours d'un même championnat du monde (concours individuel, par équipe et par engin) en 2009. Elle réédite cet exploit en 2011.

LE TRAMPOLINE

Le trampoline est devenu sport olympique, rattaché à l'univers de la gymnastique, depuis les Jeux de Sydney, en 2000. Seules ont été retenues les épreuves individuelles masculine et féminine. Le trampoline synchronisé, pourtant un spectacle magnifique, n'est pas admis comme discipline aux JO.

TECHNIQUE

Le trampoline est un appareil doté d'une toile faite de bandes de Nylon entrecroisées, fixée à un cadre métallique rectangulaire par des ressorts. Des protections équipent les bordures pour éviter les blessures. Le gymnaste doit réaliser un enchaînement de 10 figures, essentiellement des combinaisons de saltos (le corps tourne en avant ou en arrière, les pieds passant au-dessus de la tête) et de vrilles (sortes de chandelles où le corps effectue au moins 1 tour).

QUAND ÇA REBONDIT

Un trampoliniste peut atteindre une hauteur de 10 m. Habituellement, ses sauts sont de 5 à 6 m.

LA FEUILLE D'ÉRABLE À L'HONNEUR

Pas un podium olympique sans une Canadienne ! Rosannagh MacLennan, couronnée d'or en 2012, succède à Karen Cockburn, jamais titrée mais toujours aux places d'honneur durant 3 olympiades : 3e à Sydney, en 2000, 2e à Athènes, en 2004, et à Séoul, en 2008.

LE CHAMPION

Sacré champion du monde à 3 reprises, Alexander Moskalenko arrête la compétition en 1994. Quand le trampoline est annoncé discipline olympique, il décide de reprendre l'entraînement et devient le 1er champion olympique, en 2000, à l'âge de 30 ans. 4 ans plus tard, il échoue dans sa tentative pour garder son titre, empochant la médaille d'argent, à seulement 3/10e du vainqueur, l'Ukrainien Yuri Nikitin.

PERDRE 24 KG

Le plat préféré de Moskalenko : caviar et crêpes. Ce sont certainement ces petits excès qui l'obligent à perdre 24 kg quand il reprend l'entraînement en 1998, après plus de 4 ans d'arrêt. Alexander, en dehors de ses médailles olympiques, est sacré 5 fois champion du monde en individuel et 4 fois en synchronisé.

LES CHINOIS VICE VERSA

Le Chinois Dong Dong remporte le titre masculin en 2012, après avoir gagné la médaille de bronze en 2008. Son compatriote Lu Chunlong fait l'inverse : l'or en 2008 et le bronze en 2012.

LA CHAMPIONNE

La Russe Irina Karavaeva est la 1re championne olympique, à Sydney. Sa carrière est jalonnée de médailles aux championnats du monde : au total, 19 médailles, dont 12 en or.

MEILLEURES NATIONS

La Chine a remporté 4 médailles, 2 en or et 2 en bronze. La Russie, 3 médailles, 2 en or et 1 en argent.

HALTÉROPHILIE

L'haltérophilie figure au programme des 1ers Jeux d'Athènes en 1896. Après une interruption de 16 ans, de 1904 à 1920, pour édicter des règles en lien avec l'époque, elle est présente aux Jeux depuis lors et s'ouvre aux femmes en 2000, à Sydney.
Les concurrents sont répartis dans 15 catégories en fonction de leur poids : 7 pour les femmes, de 48 kg à plus de 75 kg ; 8 pour les hommes, où le poids coq est à moins de 56 kg et le superlourd à plus de 105 kg.

AVEC UN BRAS OU DEUX BRAS ?

Les Jeux antiques présentaient une épreuve de force intitulée « halteria », où les compétiteurs soulevaient des « haltères » à un ou deux bras. C'est le cas également au cours des Jeux modernes. Le lever à un bras est abandonné en 1924. Les règles évoluent et deviennent plus codifiées pour un sport qui traînait la fâcheuse réputation d'être un divertissement de foire. Aujourd'hui, l'haltérophilie est composée de 2 mouvements : l'arraché, où l'haltérophile doit soulever la barre au-dessus de sa tête, les bras tendus, et l'épaulé-jeté, où il soulève la barre jusqu'aux épaules, se redresse et la monte au-dessus de la tête, bras tendus également. L'haltérophile a droit à 3 essais pour chaque mouvement et doit rester immobile jusqu'au signal de l'arbitre. Inutile de dire que les secondes paraissent longues ! Le plus souvent, il utilise de la magnésie, comme les gymnastes, pour éviter le glissement des mains sur la barre. Longue de 2,20 m, elle pèse à elle seule 20 kg pour les hommes et 15 kg pour les femmes, avant d'être lestée du poids sélectionné. Le total des points est constitué du cumul des performances aux 2 mouvements.

LE MÉCHANT AU CINÉMA

L'Américain Harold Sakata gagne l'or en 1948 (en lourds-légers). Qui aurait alors cru qu'au cinéma il interpréterait le rôle d'Oddjob, le tueur au chapeau melon dans *Goldfinger*, un des plus célèbres *James Bond*, au côté de Sean Connery ?

CATÉGORIES

♂ • COQ • PLUME • LÉGER • MI-MOYEN • MI-LOURD • MOYEN • LOURD • SUPERLOURD •
♀ • 48 KG • 53 KG • 58 KG • 63 KG • 69 KG • 75 KG • + 75 KG •

L'HERCULE NOIR

John Davis, surnommé « l'Hercule noir » à cause de sa couleur de peau, est invaincu de 1938 à 1953. Il obtient la médaille d'or en superlourds à 2 reprises, en 1948 et 1952. Il en aurait probablement obtenu d'autres s'il n'y avait pas eu la guerre. Il gagne 6 titres mondiaux consécutifs et il bat le record olympique à chacune de ses apparitions, le portant à 460 kg à Helsinki.

RO ♀ - 48 kg 212 kg par la Chinoise Xiexia Chen (Pékin, 2008)	RM ♀ - 48 kg 217 kg par la Chinoise Lian Yang (2006)
RO ♀ + 75 kg 333 kg par la Chinoise Lulu Zhou (Londres, 2012)	RM ♀ + 75 kg 348 kg par la Russe Tatiana Kashirina (2014)
RO & RM ♂ - 56 kg 305 kg par le Turc Halil Mutlu (Sydney, 2000)	
RO ♂ + 105 kg 472 kg par l'Iranien Hossein Reza Zadeh (Sydney, 2000)	RM ♂ + 105 kg 475 kg par le Russe Aleksey Lovchev (2015)

DINGUE !

Le Soviétique David Rigert est favori dans la catégorie des mi-lourds en 1972. Mais il passe totalement à côté de son tournoi, méconnaissable, et ne récolte aucune médaille. Hystérique, il se tape la tête contre un mur et s'arrache des poignées de cheveux. Les autres haltérophiles doivent le maîtriser avant qu'il ne se blesse sérieusement. Plus calme, il devient champion olympique 4 ans plus tard.

IL NE FAIT PAS BON ÊTRE SOUS LA BARRE

L'Allemand Matthias Steiner, médaille d'or olympique en 2008, doit soulever une barre de 196 kg à l'arraché aux JO de Londres, en 2012. Il plie sous le poids, mais la barre, au lieu de choir à ses pieds, tombe sur ses cervicales. Et voilà notre gaillard de 1,83 m pour 105 kg qui s'effondre, K-O. Il reçoit les premiers soins sur place, se relève et fait un signe de la main au public éberlué. Les officiels l'ont quand même emmené à l'hôpital pour des examens complémentaires.

AÏE, LE COUDE

Le Sud-Coréen Sa Jae-Hyouk a obtenu la médaille d'or dans sa catégorie des moins de 77 kg, à Pékin, en 2008. Il défend son titre au 2e tour des JO de Londres. La barre est à 162 kg, quand son coude droit se déboîte et lâche complètement. La blessure est grave, les médecins craignent des séquelles. L'intervention chirurgicale est inévitable. Il en est à sa 6e : après les genoux, les poignets et les épaules, voilà maintenant le coude ! Mais c'est un vrai combattant et il participe aux championnats nationaux de Corée 1 an après.

FORT COMME UN TURC

On pourrait penser que cette maxime a été inspirée par le palmarès des compétiteurs turcs aux JO. 2 d'entre eux sont triples médaillés d'or. Le 1er, né en Bulgarie, s'appelle Naim Süleymanoglu. De petite taille (1,47 m) mais doté d'une force exceptionnelle, il concourt en poids plume. Un titre olympique lui est promis en 1984 à Los Angeles, mais son pays natal, la Bulgarie, boycotte la compétition. Déçu et furieux, il profite d'un déplacement sportif en Australie pour échapper à ses entraîneurs et obtenir le droit d'asile à l'ambassade de Turquie. Il prend alors la nationalité de ses parents et s'installe définitivement dans ce pays dont il va désormais défendre les couleurs. À Séoul, en 1988, il bat 2 records du monde et monte sur la plus haute marche du podium. Il soulève plus que le champion de la catégorie supérieure à la sienne. Il y gagne son surnom : « l'Hercule de poche ». À Barcelone, en 1992, il conserve son titre, ainsi qu'à Montréal en 1996.

5 FOIS SON POIDS !

Le 2nd est un poids coq de moins de 56 kg mais à la force herculéenne : Halil Mutlu. Même s'il est né en Bulgarie lui aussi, il est bien de nationalité turque. Il remporte le concours en 1996 à Montréal, en 2000 à Sydney et en 2004 à Athènes. Le 16 septembre 2000, il établit un nouveau record olympique, qui est aussi le record du monde de sa catégorie, avec un total de 305 kg. C'est un exploit : il soulève 5 fois son poids !

POUR QUELQUES POILS

L'Américain Charles Vinci se présente à la pesée. Il est inscrit dans la catégorie coq. Mais son poids dépasse de peu la limite requise. Il court chez le coiffeur, se fait tondre, cela suffit pour être bon sur la balance. Et il gagne le tournoi en 1956, à Melbourne. Il gagne une 2nde médaille d'or en 1960. Ce sera la dernière médaille d'or des États-Unis en haltérophilie.

L'HOMME LE PLUS FORT DU MONDE

C'est la une de *Sports Illustrated* qui donne ce titre à Vassili Alexeiev, double champion olympique d'origine russe et personnage haut en couleur. Il ne passe pas inaperçu avec ses 1,86 m et plus de 160 kg (son tour de taille dépasse 1,50 m), ses rouflaquettes et sa tignasse frisée, sa démarche de fort des halles et ses mimiques durant les épreuves. Mais attention, ce n'est pas un rigolo, il s'entraîne de manière très méthodique et régulière, ce qui lui permet de battre 80 fois les records du monde des superlourds et d'être 8 fois champion du monde. À Munich, en 1972, où il y a encore 3 mouvements à exécuter (arraché, épaulé-jeté, développé), il porte le record olympique et mondial à 640 kg. Record éternel, la fédération ayant immédiatement après supprimé le 3e mouvement. Il conserve sa couronne en 1976 à Montréal, avec un total de 440 kg aux 2 épreuves. Nommé entraîneur national à la fin de sa carrière, il voit ses protégés remporter 10 médailles aux JO, dont 5 en or. Une vraie légende de l'haltérophilie.

PENTATHLON MODERNE

Pierre de Coubertin lui-même invente la forme moderne du pentathlon pour les Jeux olympiques de 1912. Il veut que ces 5 épreuves reflètent les qualités militaires d'un bon officier de cavalerie et consacrent un sportif complet. Au départ, la discipline est réservée aux gradés de l'armée, avant d'être ouverte à tous à compter de 1948, et enfin aux femmes aux JO de Sydney, en 2000.

LES ÉPREUVES

Jusqu'en 1992, le pentathlon moderne se déroule sur 5 jours (1 épreuve par jour). Depuis les JO d'Atlanta en 1996, il se dispute sur une seule journée, dans un ordre immuable. Ça commence par l'escrime : tous les concurrents s'affrontent individuellement lors de brefs assauts (pas plus de 1 min). L'épreuve de natation est un 200 m nage libre. L'équitation est originale : le pentathlonien ne découvre le cheval qu'il va monter que 15 min avant d'effectuer un parcours de saut d'obstacles. À ce moment du concours, les points de chaque athlète sont cumulés pour déterminer l'ordre de départ dans la dernière épreuve combinée en fonction de ce classement. Il s'agit d'un cross-country de 3 200 m, avec 4 séances de tir laser (tous les 800 m) au cours desquelles il faut toucher 5 cibles à 10 m. Le coureur ne peut repartir qu'une fois les cibles atteintes. Le 1er pentathlonien qui franchit la ligne a gagné.

EN SOLO

Les épreuves sont aujourd'hui uniquement individuelles. Un pentathlon masculin par équipe a été organisé de 1952 à 1992.

LE 1er MÉDAILLÉ

Le Suédois Gösta Lilliehöök remporte le 1er pentathlon moderne aux Jeux de 1912.

PATTON, LE HÉROS SPORTIF

Avant de se distinguer sur les champs de bataille de la Seconde Guerre mondiale, le général américain George Patton a participé au pentathlon moderne des JO de 1912. Cavalier émérite, très bon à la course à pied, excellent escrimeur, il rate une médaille olympique de peu. Au tir, une de ses balles manque la cible et il finit 5e du concours. Il se rattrapera avec les médailles militaires !

L'ALLEMAND NERVEUX ?

Aux JO de Mexico, en 1968, l'Allemand Hans-Jürgen Todt commence à frapper violemment son cheval qui vient de refuser un obstacle pour la 3e fois. Les officiels doivent intervenir pour le calmer. Alors qu'il figurait parmi les vainqueurs potentiels, il termine à la 46e place du concours, bon dernier !

ATTENTION À LA BIÈRE !

À Mexico, en 1968, le Suédois Hans Gunnar Liljenwall est disqualifié pour dopage. Pour se calmer avant l'épreuve du tir, il a bu 2 bières. L'alcool est interdit, considéré comme un produit dopant. Sa disqualification entraîne le déclassement de l'équipe suédoise et profite aux Français, qui prennent la 3e place.

SACRÉ TRICHEUR !

Lieutenant-colonel du KGB, Boris Onischenko, médaille d'argent en 1968 à Mexico, est le capitaine de l'équipe soviétique du pentathlon en 1976, à Montréal. Il trafique son épée en dissimulant un interrupteur dans son gant, de manière à faire enregistrer une touche même sans atteindre son adversaire. Ainsi, le Britannique Jim Fox le voit marquer un point contre lui, alors que l'arme du Russe est passée à 15 cm. Il porte réclamation. Les officiels vont examiner l'épée et découvrir la supercherie. Pendant ce temps, le combat continue, Onischenko ayant récupéré une arme normale. Et, excellent escrimeur, il gagne contre Fox. Tout son stratagème n'a servi à rien, si ce n'est à faire exclure son équipe de la compétition.

LE PLUS MÉDAILLÉ

Le Russe Pavel Lednev est le seul pentathlonien à avoir gagné 7 médailles… sans jamais remporter un titre individuel. Il reçoit la médaille d'or par équipe en 1972 et 1980, après avoir glané l'argent en 1968. En individuel, il gagne l'argent en 1968, 1972 et 1980, et le bronze en 1976.

LE PLUS ÂGÉ

C'est le même Pavel Lednev, qui a 37 ans aux JO de Moscou, en 1980. Pas de Jeux sans médaille depuis ceux de Mexico, en 1968 !

CENTENAIRE

Le champion du centenaire de la naissance du pentathlon moderne, aux JO de Londres, en 2012, est le Tchèque David Svoboda. Il est militaire. Normal, la discipline avait été créée pour eux en 1912 !

CHEVAL RÉCALCITRANT

L'épreuve du centenaire n'est pas aussi favorable à certains. Le Sud-Coréen Hwang Woojin se voit attribuer un cheval nommé Shearwater Oscar. 15 min pour apprivoiser la bête ne sont pas suffisantes. Dès le début du parcours, le cheval se cabre, effrayé par les applaudissements du public. La chute est spectaculaire et le cavalier se retrouve coincé sous sa monture, qui se relève rapidement et tente de fuir. Hwang Woojin va réussir à se remettre en selle et finir le parcours, avec le soutien du public, mais en commettant de nombreuses fautes qui lui coûteront près de 500 points de pénalité.

LES DOUBLÉS EN OR

Seuls 2 concurrents ont réussi à conquérir 2 titres individuels consécutifs : le Suédois Lars Hall, en 1952 et 1956, et le Russe Andreï Moïsseïev, en 2004 et 2008.

LA 1re CHAMPIONNE

Aux JO de Sydney, en 2000, c'est la Britannique Stephanie Cook qui remporte la 1re victoire féminine du pentathlon moderne.

LA PRESSION DES JEUX

La Française Amélie Cazé est championne du monde à 3 reprises, en 2007, 2008 et 2010. Jusqu'ici, elle n'a pas brillé aux JO, ni en 2004, ni en 2008. En ce dernier jour des Jeux de Londres, en 2012, elle est fin prête et fait partie des favorites. Mais la pression doit être trop forte, elle rate les 2 premières épreuves et c'en est fini de ses espoirs de médaille. Elle termine 18e, sa plus mauvaise place en 3 olympiades.

Pays le plus médaillé :

la Hongrie **22** médailles

devant la Suède **21** médailles

La France est en queue de peloton **2** médailles de bronze

Pays le plus titré en individuel :

la Suède **9** médailles

1 seul triplé en or :

le Hongrois **Andras Balczo**

(par équipe en 1960 et 1968,

en individuel en 1972)

TRIATHLON

Le triathlon est un sport olympique depuis les JO de Sydney, en 2000. Aux Jeux de 1904, il y eut une sorte de triathlon : sprint (100 yards), saut en longueur et lancer du poids. Ce sport a fait bien du chemin depuis ce 1er concept. Il combine aujourd'hui 3 épreuves d'endurance qui se disputent les unes après les autres, sans pause. Tout d'abord, la natation en eau libre avec 1,5 km de nage, puis une course de vélo de 40 km, et, pour terminer, une course à pied de 10 km.

IL N'Y A PAS QUE LA PLAGE À HONOLULU

Le triathlon disputé sous sa forme actuelle aux JO naît dans les années 1970-1980 aux États-Unis. Son véritable essor date de 1978 à Hawaï. Cette année-là, John Collins, un ancien de l'US Navy, propose une course de fou : l'Iroman (« l'homme de fer »). Il faut nager sur 3,8 km, pédaler pendant 180 km et terminer par un marathon (42,195 km). Le 1er, Gordon Haller, franchit la ligne d'arrivée après 11 h 46 min 58 s d'effort. La mode est lancée, ce sport réservé aux plus aguerris gagne l'Europe.

L'ENDURANCE N'EXCLUT PAS LA VITESSE

Les arrivées des triathlons olympiques féminins sont toujours très rapides et serrées. Pour la 1e édition, à Sydney en 2000, on compte plus de 500 000 spectateurs massés le long du parcours, attendant une victoire de leur favorite. Mais l'Australienne Michellie Jones (2 h et 42 s) est battue dans le sprint final par la Suissesse Brigitte McMahon (2 h et 40 s). Pour 2 s, rageant, non ?

LA REMONTÉE FANTASTIQUE

En 2004, à Athènes, l'Autrichienne d'origine australienne Kate Allen démarre mal. Elle est complètement à la « ramasse », en 44e position après la natation. Le vélo n'est pas son point fort, elle ne rattrape guère son retard. Mais une course à pied absolument fantastique lui permet de remonter toutes ses concurrentes, avant de l'emporter dans les 200 derniers mètres.

EX AEQUO ?

À Londres, en 2012, la photo-finish ne permet pas de départager les 2 premières. Après un sprint époustouflant, chacune est créditée d'un temps identique (1 h 59 min 48 s), tout le monde s'attend à une double médaille d'or. Ce ne sera pas la décision des juges : la Suissesse Nicola Spirig se voit attribuer l'or grâce à un meilleur temps sur la dernière épreuve, la course à pied. Sa concurrente, la Suédoise Lisa Nordén, doit se contenter de l'argent.

MEILLEUR TEMPS ♂
1 h 46 min 25 s
par le Britannique Alistair Brownlee (Londres, 2012)

MEILLEUR TEMPS ♀
1 h 58 min 27 s
par l'Australienne Emma Snowsill (Pékin, 2008)

Les plus médaillés :

- le Canadien **Simon Whitfield** : **or** (Sydney, 2000) et **argent** (Pékin, 2008)
- le Néo-Zélandais **Bevan Docherty** : **argent** (Athènes, 2004) et **bronze** (Pékin, 2008)

RENDEZ-VOUS À COPACABANA

En vue des Jeux de Rio en 2016, une répétition générale, pouvant valider la qualification des concurrents, a lieu sur place début août 2015. Toutes les pointures de l'épreuve sont là. Au programme, 1,5 km de natation dans la baie de Rio, puis 40 km en vélo dans les collines cariocas, avec des pentes allant jusqu'à 9 %, et le plus beau pour finir, course de 10 km le long de la plage de Copacabana. Le paysage peut aider à supporter la violence des efforts…

LA FABRIQUE DES CHAMPIONS

Le club de triathlon de Sartrouville a une réputation internationale. Le palmarès aux JO de Londres en 2012 est éloquent : le Britannique Alistair Brownlee remporte la médaille d'or, l'Espagnol Javier Gomez obtient l'argent et le frère du premier, Jonathan Brownlee, le bronze. Tous les 3 sont licenciés au club. De même l'Allemand Jan Frodeno, médaillé d'or aux JO de Pékin en 2008. Comment ce club peut-il attirer les meilleurs spécialistes mondiaux ? Tout cela est l'œuvre de son président, Denis Veron, qui a axé la politique de recrutement de son club exclusivement sur l'élite du triathlon. Le succès est au rendez-vous.

COUPS ET PRISES

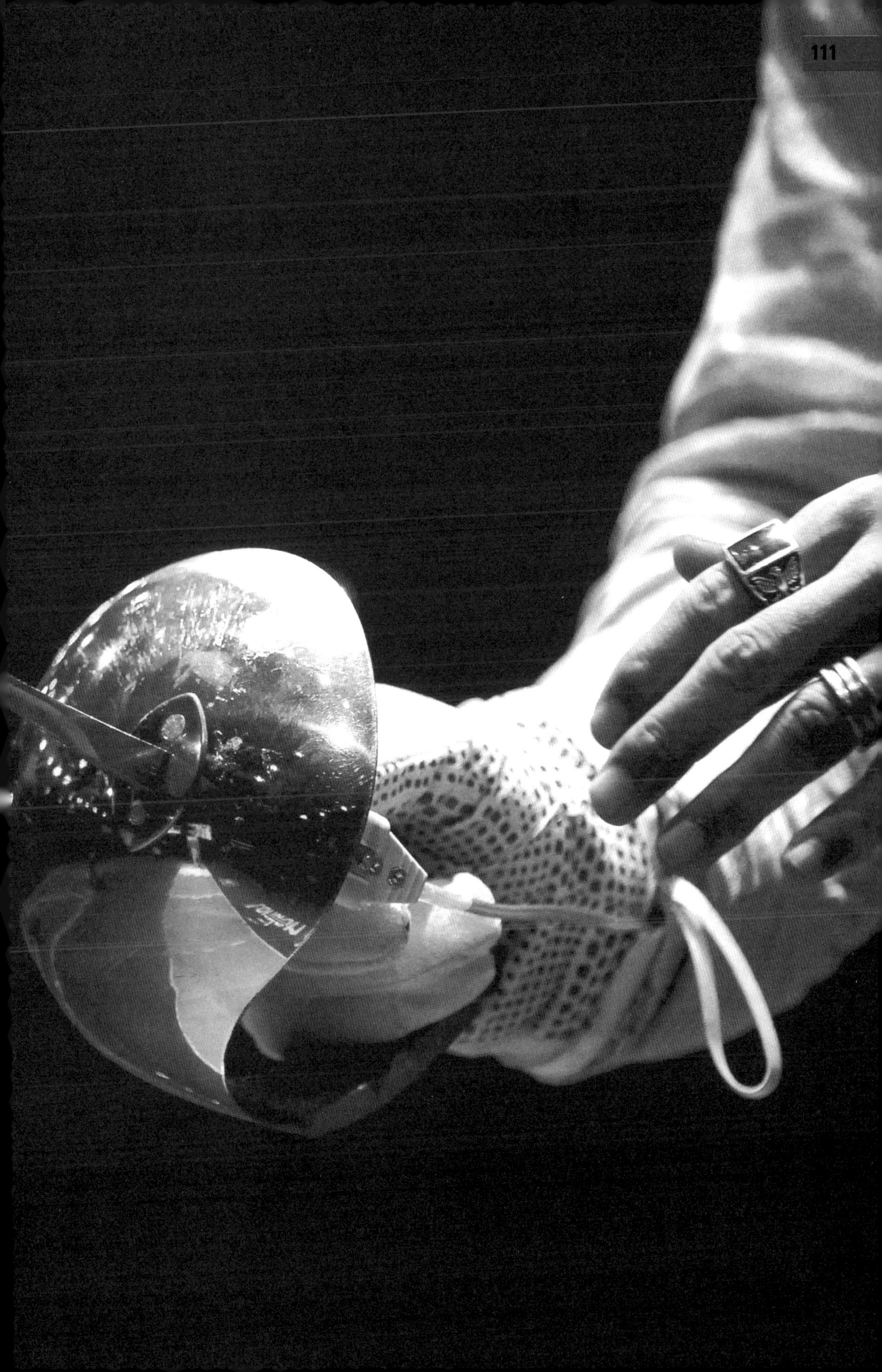

BOXE

La boxe apparaît dans le programme olympique en 1904. Elle est suspendue en 1912, ce sport étant interdit en Suède, puis réintégrée de manière définitive à Anvers, en 1920. Chaque combat olympique de boxe anglaise est à élimination directe. Il se déroule en 3 rounds de 3 min, avec une pause de 1 min entre chaque round, pour les compétitions masculines. Le boxeur marque des points quand il touche son adversaire. À la fin du 3e round est déclaré vainqueur celui qui a marqué le plus de points. On distingue 10 catégories de poids chez les hommes et 3 chez les femmes. Celles-ci peuvent participer à la compétition depuis 2012. Leurs combats se déroulent en 4 reprises de 2 min chacune.

LE PLUS ÂGÉ

C'est le poids plume britannique Richard Gunn, qui remporte le titre en 1908, à 37 ans. Et ce sera définitivement lui, car l'âge de participation aux JO est plafonné désormais à 34 ans. Dans les années 1890, Gunn est tellement fort que ses adversaires sont effrayés de l'affronter et ils déclarent forfait. Les autorités lui demandent de renoncer à la boxe. Au bout d'un moment, il en a marre et sort de sa retraite pour disputer les JO de Londres, on connaît la suite.

LE PLUS JEUNE

C'est l'Américain Jackie Fields, qui gagne le titre en 1924 dans la catégorie poids plume, à l'âge de 16 ans et 162 jours exactement.

MÉDAILLÉ QUELLE QUE SOIT LA SAISON

Edward Eagan est sacré champion des mi-lourds en 1920, à Anvers. 12 ans plus tard, aux JO d'hiver de Lake Placid, il devient champion de bobsleigh à 4. C'est le 1er sportif médaillé aux JO d'été et d'hiver.

CATÉGORIES

♂ • MI-MOUCHE • MOUCHE • COQ • LÉGER • SUPERLÉGER • MI-MOYEN • MOYEN • MI-LOURD • LOURD • SUPERLOURD •
♀ • MOUCHE • LÉGER • MOYEN •

SAUVAGE

JO de 1924, à Paris, catégorie poids moyen. Le Français Roger Brousse mord à plusieurs reprises le Britannique Harry Mallin sans être vu de l'arbitre. Brousse est déclaré vainqueur, puis disqualifié quand Mallin montre les marques de morsure sur sa poitrine. Mallin continue si bien la compétition qu'il gagne le titre de champion olympique.

SACRE ET SÉGRÉGATION

Cassius Clay devient champion olympique des mi-lourds à Rome, en 1960, à l'âge de 18 ans. De retour aux États-Unis, fraîchement médaillé et tout auréolé de gloire, il va dans un restaurant un soir. On refuse de le servir parce qu'il est noir. De rage, il balance sa médaille d'or dans l'Ohio. Un peu plus tard, il se convertit à l'islam et prend le nom de Mohamed Ali.

COMMENT NAÎT UN BOXEUR

Cassius Clay a 12 ans quand on lui vole son vélo. On l'envoie porter plainte auprès d'un policier, un officier du nom de Joe Martin, qui est aussi entraîneur de boxe. Il lui confie qu'il veut casser la figure du voleur. « Apprends d'abord à boxer », lui répond le policier. Et sa carrière démarre ainsi.

PARACHUTE

Cassius Clay est paniqué quand son entraîneur lui apprend qu'il va devoir prendre l'avion pour Rome avec toute l'équipe olympique américaine. Il refuse de partir. Joe Martin arrive à le convaincre non sans mal. Cassius achète un parachute à l'armée américaine. Il ne le quitte pas de tout le voyage au-dessus de l'Atlantique.

ILS SONT TOUS LÀ

À la suite de Cassius Clay, toutes les futures légendes de la boxe professionnelle remportent un titre amateur aux JO. Ainsi, Joe Frazier devient champion olympique des poids lourds en 1964, à Tokyo, comme George Foreman en 1968, à Mexico. Sugar Ray Leonard gagne l'or en superlégers en 1976, à Montréal. Oscar de la Hoya est sacré à l'âge de 19 ans, à Barcelone, en 1992, chez les poids légers.

LA RENCONTRE DES LÉGENDES

Téofilo Stevenson est cubain. Il écrase ses adversaires d'une frappe du droit destructrice. Il réalise un triplé en remportant la médaille d'or des superlourds en 1972, 1976 et 1980. Des organisateurs de combats lui proposent de rencontrer Mohamed Ali. Téofilo donne son accord, mais uniquement si l'argent est versé à des écoles à Cuba. Les agents refusent, l'île étant sous embargo. La rencontre n'aura jamais lieu.

DÉCISION ARBITRALE

1984, Los Angeles. C'est la demi-finale des mi-lourds. Evander Holyfield contre Kevin Barry. À la fin du 2e round, Barry se retrouve au tapis après un crochet du gauche de son adversaire. L'arbitre compte logiquement le boxeur au sol, il semble qu'il ait perdu. Mais retournement de situation, l'arbitre disqualifie Holyfield car le coup aurait été porté juste après la fin du round. La décision est contestable, mais l'arbitre refuse de revenir dessus. Holyfield doit se contenter de la médaille de bronze. Barry, mal en point, est incapable de s'aligner pour la finale, il finit 2e.

GUERRE DES GANGS

L'Américain Paul Gonzales remporte une médaille d'or en poids mi-mouche à Los Angeles, en 1984. Cet ancien membre d'un gang dédie son titre au policier qui a réussi à le détourner de la guerre des gangs qui sévissait dans les rues de la ville et qui l'a initié à la boxe.

CONTESTATION NOCTURNE

En 1988 à Séoul, le poids plume Byun Jung-Il est disqualifié, accusé d'avoir donné un coup de tête à son adversaire. Il conteste la décision et s'assied sur le ring qu'il refuse de quitter. Il va rester ainsi pendant 1 h 7 min, avant de se lever. Il faut préciser que les officiels avaient éteint la lumière, le laissant dans le noir.

L'IMBATTABLE

En 1988, le Coréen Park Si-Hun est surnommé « l'imbattable ». Il remporte l'or en poids moyens. Il gagne tous ses combats, laissant les journalistes incrédules et les autres boxeurs dépités devant un arbitrage honteusement partial. Le tollé est tel que la fédération institue par la suite un nouveau barème de comptage.

FOU FURIEUX

JO de Barcelone, en 1992. Paul Griffin est mis au tapis par son adversaire. Après examen, le médecin décide d'arrêter le combat. Le poids plume irlandais devient fou et veut s'attaquer au toubib. L'arbitre doit se faire aider pour le maîtriser.

FAMILLE OLYMPIQUE

Emmanuel Aghasi fait partie de l'équipe iranienne de boxe olympique en 1948 et 1952. Après les Jeux d'Helsinki, il émigre aux États-Unis et américanise son nom en Mike Agassi. Son fils Andre gagne la médaille d'or au tennis à Atlanta, en 1996.

1re MÉDAILLE DU TONGA

En 1996, le Tongien de 140 kg Paea Wolfgramm empoche la médaille d'argent en superlourds. Il dispute la finale avec un poignet cassé face à l'Ukrainien Wladimir Klitschko. Mais sa blessure le fait trop souffrir et il ne peut pas appuyer ses coups. 2e, quand même !

FORT COMME UN ÉLÉPHANT

Le Thaïlandais Wijan Ponlid devient champion olympique des moins de 51 kg en 2000, à Sydney. Comme le veut la tradition thaïe, en tant que héros national, un banquet et un défilé de 40 éléphants l'attendent à son retour dans le royaume.

LES PLUS TITRÉS

Le Hongrois Laszlo Papp et les Cubains Félix Savon et Téofilo Stevenson ont chacun remporté 3 médailles d'or.

LE CHAMPION FRANÇAIS

Le Français Brahim Asloum gagne le titre olympique, en catégorie mi-mouche, en 2000, à Sydney. Aucun tricolore n'a eu cet honneur depuis les JO de Berlin en 1936, où Jean Despeaux avait obtenu la médaille d'or en poids moyens et où Roger Michelot l'avait imité en mi-lourds. Asloum devient champion du monde WBA en 2007. C'est le 1er boxeur français à cumuler titre mondial et titre olympique.

LE BOXEUR AU BRAS COURT

Il s'agit du Français Jérôme Thomas, qui remporte la médaille de bronze, en catégorie poids mouche, aux JO de Sydney, en 2000. Il continue de progresser et récolte l'argent à Athènes, en 2004. Il a un bras et une main gauches plus courts que du côté droit, mais cela ne l'empêche pas de boxer, et plutôt bien, vu son palmarès. Cette différence vient du syndrome de Poland, maladie rare dont on n'a pas encore déterminé l'origine.

GRANDE PREMIÈRE !

Les JO de Londres de 2012 voient les 1ers combats de boxe féminins se dérouler. C'est la Britannique Nicola Adams, qui concourt en poids mouche (– 51 kg), qui remporte le 1er titre jamais attribué à une boxeuse.

2012

1re participation des femmes : 36 boxeuses réparties en 3 catégories de poids contre 250 boxeurs répartis en 10 catégories

ESCRIME

- FLEURET, ÉPÉE, SABRE -

L'escrime est l'un des sports ayant toujours été représentés depuis la création des Jeux en 1896. Selon la discipline, on utilise des épées, des sabres ou des fleurets. Se développant d'abord sur les champs de bataille, l'escrime devient un sport à partir du XVe siècle, un art toutefois dangereux car il n'existe pas de protection pour éviter les blessures. Il faut attendre le XVIIe siècle pour que l'escrime soit pratiquée en toute sécurité avec l'ajout d'un bouton sur la pointe des armes pour éviter de transpercer l'adversaire, le port d'un masque de protection du visage pour éviter la balafre ou de perdre un œil et la création de règles strictes interdisant plusieurs coups sur certaines zones du corps.
Le fleuret et le sabre masculins sont disciplines olympiques dès 1896. L'épée le devient 4 ans plus tard à Paris. Les compétitions par équipe apparaissent en 1908 à Londres. Les femmes commencent à disputer des épreuves au fleuret en 1924 mais il faut attendre 1996, à Atlanta, pour les voir à l'épée et 2004, à Athènes, au sabre.

LES RÈGLES

Chaque discipline a ses règles. Avec le fleuret (petite épée légère et flexible de 500 g pour une longueur de 110 cm), 1 point est marqué lorsqu'une touche se fait avec la pointe de l'arme sur la poitrine de l'adversaire (il est interdit de toucher la tête). Avec l'épée (plus lourde et moins flexible que le fleuret avec ses 750 g pour une longueur de 110 cm), on peut toucher avec la pointe tout le corps de l'adversaire. Avec le sabre (arme un peu plus courte que le fleuret, 500 g pour une longueur de 105 cm maximum), on peut toucher l'adversaire avec la pointe, le tranchant ou le dos de l'épée sur le haut du corps, y compris la tête.

Avec des capteurs spéciaux, les tireurs sont connectés à un système électronique de comptage des points, qui enregistre les touches. Les épreuves individuelles se déroulent en 3 temps de 3 min, ou jusqu'à ce que l'un des adversaires touche l'autre 15 fois. Dans les rencontres par équipe, les 3 tireurs de chaque équipe se relayent à tour de rôle, pour un total de 9 assauts de 3 min. La 1re équipe à 45 touches ou celle qui a le plus de points à la fin du temps réglementaire remporte la rencontre.

LE RESPECT AVANT TOUT

L'escrime est un sport de gentlemen. Comme dans beaucoup de sports de combat, hors de question de ne pas se saluer avant et après la partie, sous peine de se faire disqualifier.

DARK VADOR

L'escrimeur britannique Bob Anderson n'a aucune médaille olympique à son palmarès malgré sa participation aux Jeux d'Helsinki en 1952. Il est pourtant extrêmement réputé dans le milieu des escrimeurs pour avoir entraîné les plus grands au cinéma et pour avoir été la doublure de Dark Vador dans les scènes de la saga *Star Wars* où il manie le sabre laser. Il a également été le maître d'armes pour le film *Le Seigneur des anneaux*.

Champions les plus âgés :

- le Hongrois **Aladar Gerevich,** or au sabre par équipe (1960) : **50 ans et 179 jours**
- la Hongroise **Ilona Elek,** or au fleuret (1948) : **41 ans et 78 jours**

DUELS

En 1924, les Italiens dominent très largement le sabre, ce qui n'est pas forcément du goût de tout le monde. Alors qu'Oreste Puliti gagne tous ses combats en individuel, lui ouvrant les portes de la finale, un juge hongrois doute de la combativité de ses adversaires. Puliti entend la remarque, rentre dans une colère folle et est alors disqualifié. Le titre cette année-là est attribué à Sandor Posta… un Hongrois. Le soir-même, le juge et l'escrimeur se retrouvent par hasard. Ils échangent des petits noms d'oiseau, en viennent aux mains et… se provoquent en duel ! Celui-ci a lieu en novembre de la même année. Après 1 heure de combat et de multiples blessures, les 2 hommes se réconcilient et deviennent bons amis. Puliti poursuivra sa brillante carrière sportive. Il prendra sa retraite fort de 4 titres de champion olympique par équipe (fleuret et sabre en 1920, sabre en 1924 et fleuret en 1928) et de 1 médaille d'argent (sabre par équipe en 1928).

CASQUETTE PORTE-BONHEUR !

Certains sportifs, on le sait, sont très attachés à des petits détails qu'ils considèrent comme de vrais porte-bonheur. Que l'on y croit ou pas, il faut bien reconnaître que c'est parfois bluffant. Ainsi, en 1952, à Helsinki, le Français Christian d'Oriola décroche l'or au fleuret. Il attribue la victoire en partie à sa casquette fétiche. Pas égoïste, il va la prêter à son cousin Pierre d'Oriola, qui concourt dans l'épreuve de saut d'obstacles à cheval. Hasard ou non, celui-ci remportera également l'or.

HISTOIRE DE FAMILLE

Quand on a un père qui est l'un des plus grands spécialistes et entraîneurs d'escrime, difficile de ne pas le devenir soi-même. C'est l'histoire de la famille Nadi. Nedo, quintuple champion olympique aux Jeux d'Anvers en 1920, et son frère cadet Aldo, triple champion olympique dans ces mêmes Jeux, sont les fils et la fierté de Giuseppe Nadi, un maître d'armes italien très respecté.

Nedo est le seul escrimeur de l'histoire olympique à remporter l'or dans les 3 disciplines dans la même olympiade, à Anvers. Il est également médaillé d'or en 1912 au fleuret.

POUR L'AMOUR DU SPORT

Le Français Jean-François Lamour est l'un des meilleurs escrimeurs au monde avec 2 titres olympiques dans l'épreuve de sabre en individuel décrochés en 1984 et 1988. Il prend le bronze en 1992. Par équipe, il est également médaillé d'argent en 1984 et de bronze en 1992. Quand il prend sa retraite sportive, il se lance un autre défi, en politique celui-ci, et devient ministre des Sports de 2002 à 2007.

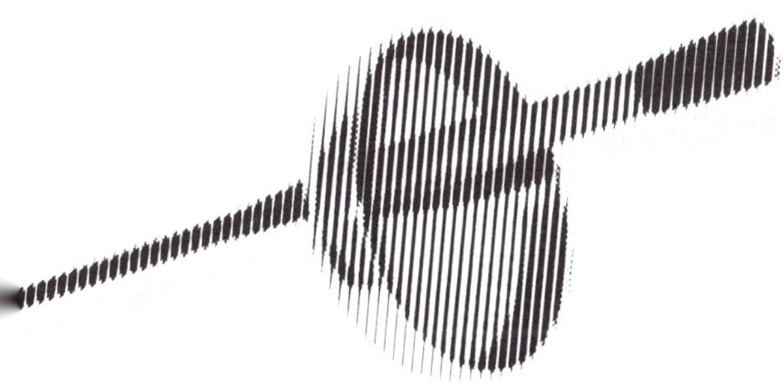

RECORDMAN DES MÉDAILLES D'OR

Le Hongrois Aladar Gerevich détient le record de médailles d'or en escrime avec 7 sacres entre 1932 et 1960. Il est le seul, tous sports confondus, à avoir remporté la même épreuve olympique, le sabre par équipe, sur 6 éditions différentes. Il a 50 ans quand il décroche son dernier titre, en 1960 à Rome. Sont également médaillés olympiques son épouse, Erna Bogen (bronze au fleuret en 1932), son fils, Pal Gerevich (bronze au sabre par équipe en 1972 et 1980), et son beau-père, Albert Bogen (argent au sabre par équipe en 1912).

Médaillés les plus âgés :

- l'Américain **Charles Tatham,** argent au fleuret par équipe (1904) : **50 ans et 251 jours**
- la Hongroise **Ilona Elek,** argent au fleuret (1952) : **45 ans et 72 jours**

FORZA ITALIA

L'Italie est la plus forte en escrime. Il suffit de regarder son palmarès pour l'affirmer : 121 médailles dont 48 en or, 40 en argent et 33 en bronze. Mais attention, la France n'est pas loin derrière avec ses 115 médailles dont 41 en or, ce qui en fait le sport français le plus médaillé aux Jeux ! Loin derrière avec 83 médailles, la Hongrie, longtemps dominatrice, occupe la 3e place du podium avant Rio 2016.

LES FRANÇAIS LES PLUS MÉDAILLÉS

Aux JO, avec 8 médailles, les escrimeurs Philippe Cattiau (dont 3 médailles d'or par équipe : au fleuret en 1924, au fleuret et à l'épée en 1932) et Roger Ducret (dont 3 médailles d'or en 1924 : en individuel au fleuret et par équipe au fleuret et à l'épée) sont les sportifs français les plus récompensés.

LA GUÊPE

Voilà le drôle de surnom donné à l'épéiste française Laura Flessel, car elle est réputée pour toucher ses adversaires au pied sans qu'ils s'y attendent. Avec 5 médailles (2 en or en 1996 par équipe et en individuel, 1 en argent en 2004 en individuel et 2 en bronze en 2000 en individuel et 2004 par équipe), elle est l'escrimeuse française la plus décorée.

ITALIE ENCORE

Edoardo Mangiarotti est le recordman des médailles olympiques en escrime, obtenues au cours d'une remarquable et longue carrière sportive entre 1936 et 1960, avec 6 titres olympiques, 5 médailles d'argent et 2 de bronze.

AU FLEURET FÉMININ

L'Italienne Valentina Vezzali détient le record de médailles obtenues aux Jeux, soit 6 en or, 1 en argent et 2 en bronze entre 1996 et 2012. La Soviétique Yelena Belova-Novikova et l'Italienne Giovanna Trillini sont ensuite les plus titrées avec 3 médailles d'or par équipe et 1 en individuel.

Champions les plus jeunes :

- le Cubain **Ramon Fonst**, or à l'épée (1900) : **16 ans et 287 jours**
- l'Allemande **Helene Mayer**, or au fleuret (1928) : **17 ans et 225 jours**

JUDO

Le judo est un sport créé en 1880 au Japon par Jigoro Kano. Il s'agit d'un art martial, sport noble où les techniques dangereuses et la violence n'ont pas leur place. Même si les combats peuvent être très rudes, les règles sont strictes et le respect de l'adversaire primordial. Jigoro Kano a voulu avant tout faire de ce sport un art de vivre, avec une discipline qui doit s'appliquer aussi en dehors des tatamis, ces tapis où les judokas s'affrontent. Le judo fait son apparition aux Jeux olympiques en 1964 à Tokyo pour les hommes. Il faut attendre les Jeux de Barcelone en 1992 pour que les femmes puissent également concourir. Hommes et femmes combattent dans 7 catégories de poids. À l'origine, il existait également une catégorie ouverte à tous les poids (catégorie Absolute), mais cette épreuve a été supprimée après les Jeux de 1984 à Los Angeles.

LES RÈGLES

L'objectif est de projeter l'adversaire par terre sur le dos. Le combat peut se terminer à tout moment si un des judokas marque un ippon, qui est accordé pour une projection puissante et rapide de l'adversaire sur le dos, se terminant par une clé de bras, un étranglement ou une immobilisation pendant 20 s.

Si l'adversaire tombe sur le dos mais sans la force requise, ou si l'immobilisation dure moins de 20 s, un waza-ari est marqué.

Le plus petit avantage est le yuko, marqué lorsque l'adversaire est projeté et tombe sur le côté, ou lors d'une immobilisation de 10 à 14 s.

LE HOLLANDAIS GÉANT…

En 1964, les meilleurs au monde sont les Japonais. Le judo est né dans leur pays et ils le pratiquent alors mieux que quiconque. Impossible donc de rater ces Jeux qui se déroulent chez eux, à Tokyo, pour la 1re apparition de ce sport dans le programme olympique. Oui… mais c'est compter sans un géant néerlandais d'1,98 m, Anton Geesink, une vraie force de la nature qui arrive en finale « toutes catégories » contre le champion incontesté de l'époque, Kaminaga Akio. Malgré les 15 000 spectateurs acquis à la cause du Japonais, c'est bien Geesink qui est sacré 1er champion olympique de cette catégorie !

Teddy Riner en chiffres

95

Nombre de victoires d'affilée en compétition :

60 mois d'invincibilité

0

C'est le nombre de défaites sur ippon depuis qu'il est passé senior

… GÉANT DU RESPECT

L'exploit est tellement grand qu'à la fin du match toute l'équipe néerlandaise envahit le tatami pour porter leur compatriote en vainqueur. Mais Geesink refuse et va d'abord saluer le champion japonais déchu, en s'inclinant face à lui pour lui marquer son respect. Ce geste lui vaut la reconnaissance du public nippon. Le salut traduit bien toutes les valeurs fondatrices du judo.

ZONE DE COMBAT

La zone de combat est un carré parfait de 10 m de côté. L'arbitre reste dans cette zone pendant le match qui dure 5 min maximum pour les hommes et 4 pour les femmes. En cas d'égalité, la partie se prolonge sans limite de temps jusqu'à ce que l'un des compétiteurs marque.

SOUPLE COMME UNE BRANCHE

C'est en regardant la neige tomber que Jigoro Kano pose les principes du judo. Amusé de voir que les branches les plus grosses et rigides cassent sous le poids de la neige pourtant si légère, alors que les branches souples s'en débarrassent en pliant, il imagine une technique de combat où le souple peut vaincre le fort. Judo signifie en japonais… « voie de la souplesse ».

CATÉGORIES

♂ • – 60 KG (SUPERLÉGER) • – 66 KG (MI-LÉGER) • – 73 KG (LÉGER) • – 81 KG (MI-MOYEN) • – 90 KG (MOYEN) • – 100 KG (MI-LOURD) • + 100 KG (LOURD) •

♀ • – 48 KG (SUPERLÉGER) • – 52 KG (MI-LÉGER) • – 57 KG (LÉGER) • – 63 KG (MI-MOYEN) • – 70 KG (MOYEN) • – 78 KG (MI-LOURD) • + 78 KG (LOURD) •

1res MÉDAILLES FRANÇAISES

Les 1res médailles françaises chez les hommes, toutes en bronze, sont remportées en 1972, aux Jeux de Munich, par Jean-Jacques Mounier (– 63 kg), Jean-Paul Coche (– 80 kg) et Jean-Claude Brondani (toutes catégories). Quant aux Françaises, elles connaissent le succès dès la 1re édition en 1992. Cécile Nowak (– 48 kg) et Cathy Fleury (– 61 kg) deviennent les 1res championnes olympiques à Barcelone, tandis que Laëtitia Meignan (– 72 kg) et Natalina Lupino (+ 72 kg) décrochent le bronze.

COCORICO

Le champion olympique en titre de la catégorie reine, les poids lourds, n'est autre que le Français Teddy Riner, 8 fois champion du monde, un record !

53 CM !

C'est l'impressionnant tour de bras de Teddy Riner. On comprend les difficultés que rencontrent les adversaires de ce beau bébé de près de 140 kg pour 2,04 m !

LE PLUS GROS

Natif de Guam, une petite île du Pacifique, Ricardo Blas Jr est, avec 218 kg, le judoka le plus lourd à avoir participé aux Jeux olympiques (en 2008 et 2012). Ça vaut bien le doux surnom de « Little Mountain » (petite montagne).

LE POIDS DE LA DÉFAITE

Que faire quand on ne veut pas affronter un concurrent ? Prendre du poids ? C'est la méthode employée par le judoka iranien Arash Miresmaeili, pourtant grand favori pour le titre des moins de 66 kg aux Jeux d'Athènes en 2004. Miresmaeili doit rencontrer en poule un athlète israélien. Mais au moment de la pesée pour vérifier le poids des judokas, les juges constatent que l'Iranien pèse subitement plus de 66 kg. Il est donc disqualifié. On apprend quelques jours plus tard que Miresmaeili a volontairement beaucoup mangé pour être disqualifié car il ne voulait pas affronter un Israélien, leurs 2 pays étant en conflit. Un comportement très critiqué et contraire aux valeurs de l'olympisme. Sport et politique ne font pas toujours bon ménage…

Les meilleures nations

À l'heure actuelle, **38 pays** ont obtenu des médailles aux JO, la France en a gagné **44**, dont **12 en or,** et se classe en 2e position derrière le Japon impressionnant avec **72** médailles, dont **36 en or.**

JUDOGI

Si tout le monde utilise le terme « kimono », qui désigne en fait un vêtement traditionnel au Japon, le vrai nom de la tenue des judokas est le « judogi ». Le poids moyen de la veste est de 1,5 kg et celui du pantalon 800 g. Aux Jeux, comme pour chaque grande compétition, afin de mieux les distinguer, un judoka porte un kimono blanc, l'autre un kimono bleu. Le blanc est traditionnel. Il permet d'éviter toute distinction et contribue à la modestie, qui est l'une des valeurs du judo. Riches ou pauvres, forts ou moins forts, les combattants seront tous égaux dans leur tenue.

3 !

Comme le nombre de médailles d'or olympiques remportées par le Japonais Tadahiro Nomura, dans la catégorie des moins de 60 kg, entre 1996 et 2004. Il est le seul judoka à avoir réalisé cette performance.

LE PLUS MÉDAILLÉ

Le Franco-Britannique Angelo Parisi remporte 4 médailles entre 1972 et 1984.

DOUILLET

David Douillet est le judoka français le plus titré aux Jeux olympiques avec 2 médailles d'or décrochées en 1996 et 2000. Il remporte également 1 médaille de bronze en 1992 à Barcelone.

LA PLUS GRANDE JUDOKATE JAPONAISE DE L'HISTOIRE

Ryoko Tamura-Tani, en moins de 48 kg, est la judokate la plus médaillée des Jeux avec 2 médailles d'or en 2000 et 2004, 2 d'argent en 1992 et 1996, et enfin 1 de bronze en 2008. Elle a été jusqu'en 2015 la judokate la plus titrée aux championnats du monde, hommes et femmes confondus, avec 7 sacres, avant d'être détrônée par le Français Teddy Riner.

LUTTE

Le lutteur incarne peut-être plus que tout autre sportif les Jeux olympiques. On a l'impression que la lutte a toujours existé, et on n'est pas loin de la vérité car elle est présente sur tous les continents, à toutes les époques, sous différentes formes. Compétition phare des Jeux antiques, où elle est introduite en 708 av. J-C, elle est divisée en 2 disciplines aux Jeux modernes : la « gréco-romaine » exclusivement masculine et la « libre » avec une compétition masculine et une féminine (en France, ce sont 3 disciplines différentes, la lutte féminine étant à part). Chaque discipline comprend plusieurs catégories de poids, dont le nombre a varié au fil des ans.

LA LUTTE GRÉCO-ROMAINE

Il s'agit de la plus ancienne discipline de ce sport de combat. Créée par les Grecs, ce sont les Romains qui vont la rendre populaire, en adaptant un peu les règles pour qu'elle soit moins brutale. À force de prendre des « baffes » par Obélix, les soldats de César, qui pratiquent la lutte pour s'entraîner, développent une version plus douce interdisant tous les coups en dessous de la ceinture. Ce sport, qui connaît un véritable succès dans l'Antiquité, fait donc logiquement partie des épreuves des 1ers Jeux modernes en 1896. En lutte gréco-romaine, l'objectif est d'amener les épaules de l'adversaire au tapis en utilisant uniquement les bras et le haut du corps. En 2016, il y aura 6 épreuves, réparties par catégories de poids, mais aucune épreuve féminine.

LA LUTTE LIBRE

Réputée moins noble, la lutte libre est un spectacle de foire très populaire au XIXe siècle. Elle fait son entrée aux Jeux modernes en 1904, avec pour uniques compétiteurs des Américains, et le concours olympique s'ouvre aux femmes en 2004. La lutte féminine est une forme de lutte libre adaptée aux spécificités physiologiques et morphologiques des femmes. Le règlement interdit ainsi certaines combinaisons. La pratique de la lutte libre est plus ouverte que celle de la lutte gréco romaine : les combattants peuvent utiliser toutes les parties de leur corps pour faire tomber l'adversaire sur le dos, en le saisissant par les jambes comme par le haut du corps. En 2016, la lutte libre comprendra 12 épreuves réparties par catégories de poids, 6 masculines et 6 féminines.

DES MÉDAILLES EN PAGAILLE

Les États-Unis ont gagné le plus grand nombre de médailles en lutte avec un total de 125 récompenses toutes couleurs confondues, mais ce sont les Russes qui sont les plus titrés avec 62 victoires olympiques contre « seulement » 50 pour leurs grands rivaux américains.

LE ROUGE ET LE BLEU

En compétition, les lutteurs portent une tenue soit bleue, soit rouge. Il s'agit en effet des 2 couleurs officielles de ce sport.

À BAS LES POILS

Les lutteurs sont-ils très coquets ? À les regarder de près, ils arborent tous soit une petite barbe très bien taillée, soit un visage sans le moindre poil ! Attention, pas question de plaisanter avec ça. Les règles sont en effet très strictes et imposent aux combattants de se présenter dans une tenue impeccable et si possible en maîtrisant leur système pileux ! Les ongles des lutteurs doivent également être parfaitement coupés et courts pour ne pas blesser l'adversaire.

LE COUP DU MOUCHOIR

En regardant de plus près un lutteur, on peut apercevoir un petit mouchoir dans sa tenue. Une délicate attention pour éviter d'éternuer sur son adversaire ? Non, une obligation du règlement, pour essuyer le sang qui pourrait couler sur son visage en cas de coup malheureux.

LE PLUS MÉDAILLÉ

Luttant dans les 2 disciplines, l'Allemand Wilfried Dietrich a remporté 5 médailles en tout entre 1956 et 1968.

LA LUTTE GRÉCO-ROMAINE

Les combats se déroulent sur un tapis synthétique de 12 x 12 m, mais la zone de combat, circulaire, mesure 9 m de diamètre. Chaque match est disputé en 2 manches de 3 min chacune. La victoire peut s'obtenir : PAR TOMBÉ, quand un lutteur réussit à maintenir les 2 épaules de son adversaire plaquées au tapis pendant au moins 1 s ; AUX POINTS, par le lutteur qui cumule à l'issue des 2 manches le plus de points ; PAR SUPÉRIORITÉ TECHNIQUE avant la fin du combat si un lutteur obtient une avance au score de 8 points (10 points en lutte libre et féminine). En cas d'égalité au terme du combat, la victoire revient au lutteur ayant reçu le moins d'avertissements ou, à défaut, ayant réalisé l'action la plus élevée ou ayant marqué en dernier. À l'exception des Jeux olympiques de Paris en 1900, la lutte gréco-romaine a figuré au programme de toutes les éditions de l'ère moderne depuis son introduction.

HISTOIRE D'OLIVES

Dans la Grèce antique, les lutteurs avaient pour habitude de sentir très fort… l'olive. En effet, à cette époque, ils concouraient pieds nus mais, pour se protéger du froid, ils pouvaient se verser des litres entiers d'huile d'olive sur le corps et s'enrober de sable. Pas très agréable pour le lutteur comme pour son adversaire, mais sacrément efficace pour ne pas attraper un rhume.

LUTTEUR SOUPLE COMME UN GYMNASTE

Lors des 1res éditions olympiques, il n'est pas rare de voir des lutteurs concourir également dans d'autres disciplines. L'Allemand Carl Schuhmann, médaillé d'or de la seule épreuve de lutte des 1ers Jeux de l'ère moderne, brille également en gymnastique où il décroche l'or à la barre fixe, aux barres parallèles et au saut de cheval. Il est le sportif le plus titré en 1896.

LE COURAGE D'UN GRAND CHAMPION

Atteint d'une grave maladie, l'Américain Jeff Blatnick arrête la compétition en 1982 et subit plusieurs interventions chirurgicales. 2 ans après, il fait son retour aux Jeux de Los Angeles où il décroche l'or olympique devant son public en superlourds (+ 100 kg). Intense émotion pour ce sportif courageux.

FRANÇAIS EN OR

Henri Deglane (82,5 kg), en 1924, et Steeve Guénot (66 kg), en 2008, sont les 2 seuls médaillés d'or français en lutte gréco-romaine.

L'OURS

Aleksander Karelin, plus connu comme « l'ours sibérien » grâce à son invincibilité et sa force surhumaine, est considéré comme le plus grand lutteur de tous les temps. Il remporte 4 médailles dans la catégorie des superlourds (130 kg) aux Jeux en 4 éditions, dont 3 en or (1988, 1992, 1996) et 1 en bronze (2000). Il reste invaincu pendant 13 années d'affilée. Ça vaut bien un tel surnom !

TRIPLÉ GAGNANT !

Le Suédois Carl Westergren est le 1er lutteur à remporter 3 médailles d'or (à Anvers en 1920, Paris en 1924 et Los Angeles en 1932) en lutte gréco-romaine.

LE JOUR LE PLUS LONG

À ses débuts, la lutte ne comprend aucune limite de temps. Un combat peut donc s'éterniser jusqu'à épuisement ou abandon d'un des 2 lutteurs. Le match le plus long a lieu aux Jeux de 1912 lors de la demi-finale de la catégorie des poids moyens (67,5-75 kg) qui dure... 11 h et 40 min ! La rencontre oppose le Russe Martin Klein au Finlandais Alfred « Alpo » Asikainen. Le Russe l'emporte sur son adversaire à bout de force au terme d'un combat sous un soleil de plomb. Malheureusement, Klein ne pourra pas se rendre à la finale, trop épuisé qu'il est par son interminable rencontre. Il prendra tout de même la médaille d'argent. Asikainen, quant à lui, combattra pour la 3e place qu'il remportera malgré la fatigue. Les officiels décident d'introduire des limites de temps dès 1924 afin que cela ne puisse plus se reproduire. Un match dure maintenant 6 min.

L'HOMME LE PLUS LOURD DES JEUX... JUSQU'EN 2012

Tous sports confondus, il est difficile de trouver un sportif plus lourd que l'Américain Chris Taylor. Le lutteur remporte la médaille de bronze en gréco-romaine, à Munich en 1972, avec un poids affiché de 186,88 kg ! Il perd son record d'homme le plus lourd des Jeux olympiques en 2012, détrôné par le judoka Ricardo Blas Jr, fort de ses 218 kg bien tassés sur la balance.

CATÉGORIES • 59 KG • 66 KG • 75 KG • 85 KG • 98 KG • 130 KG •

LA LUTTE LIBRE

Comme pour la lutte gréco-romaine, les combats se déroulent sur un tapis synthétique de 12 x 12 m, avec une zone de combat qui mesure 9 m de diamètre. Un match est disputé en 2 manches de 3 min chacune. À l'exception des Jeux de Stockholm en 1912, la lutte libre a figuré au programme de toutes les éditions de l'ère moderne depuis son introduction.

PARITÉ

La lutte féminine à Rio en 2016 passera pour la 1re fois de 4 à 6 catégories de poids pour arriver à parité avec la lutte libre masculine. Jusqu'en 2012, les filles concouraient en – 48 kg, – 55 kg, – 63 kg et – 72 kg.

LA PIONNIÈRE

La 1re médaillée d'or, en 2004 à Athènes, est l'Ukrainienne Irini Merleni.

CHAMPIONS FRANÇAIS

Charles Pacôme (66 kg), à Los Angeles en 1932, et Émile Poilvé (79 kg), à Berlin en 1936, sont les 2 seuls médaillés d'or français aux JO en lutte libre. Aucune Française n'a encore remporté un titre olympique. Les 1res médaillées tricolores sont Anna Gomis (55 kg) et Lise Legrand (63 kg), en bronze en 2004.

GRÉCO-ROMAIN ET LIBRE !

Seuls 2 lutteurs ont décroché l'or olympique, dans une même édition, en lutte gréco-romaine et en lutte libre : le Suédois Ivar Johansson en 1932 (79 kg en libre et 72 kg en gréco) et l'Estonien Kritsjan Palusalu en 1936 (87 kg en gréco et en libre). Lors de son doublé, Johansson réalise une autre prouesse, celle de perdre 5 kg en 4 jours afin de s'aligner dans l'épreuve des poids welters pour empocher son 2e titre.

DE LA LUTTE AU TIR À LA CORDE

L'Américain Franck Kungler est un sportif très complet et surtout très costaud ! Lors des Jeux de 1904, après avoir décroché la médaille d'argent en lutte dans la catégorie poids lourd, il remporte 3 médailles de bronze : 2 en haltérophilie et 1 au tir à la corde par équipe. Il n'a rien à envier aux bras de Popeye !

L'OR EN FAMILLE

C'est aux Jeux de 1984 que 2 frères américains, Mark et David Schultz, font la fierté de leur famille en décrochant l'or chacun dans sa catégorie. David connaît toutefois une fin moins heureuse. Quelques années après son titre, alors entraîneur d'une équipe de lutte, il est tué par l'homme qui sponsorise l'équipe. Un coup de folie tragique.

IMBATTABLE

Le Japonais Osamu Watanabe est peu connu du grand public. Il réussit pourtant une prouesse exceptionnelle lors des Jeux de Tokyo en 1964. Porté par un public totalement acquis à sa cause, Watanabe remporte tous ses combats et le titre en prime sans concéder le moindre point dans la catégorie poids plume (57-63 kg). Une performance plus jamais réalisée. Avant de prendre sa retraite à seulement 23 ans, il aura enchaîné plus de 180 matchs sans la moindre défaite.

L'EMPIRE DU SOLEIL-LEVANT

Les 2 plus grandes championnes de lutte sont japonaises. Kaori Icho (– 63 kg) et Saori Yoshida (– 55 kg) ont chacune remporté 3 médailles d'or, soit 1 médaille à chaque édition depuis l'arrivée de la lutte féminine aux Jeux, en 2004. Saori Yoshida est, avec ses 3 titres olympiques et ses 14 titres de championne du monde de 2002 à 2015, la lutteuse la plus titrée au monde. En route pour un 4e titre à Rio ?

3 FOIS EN OR

Le Russe Aleksandr Vasiliyevich Medved est considéré par beaucoup comme le meilleur lutteur libre de tous les temps. Il est le 1er, dans cette discipline, à gagner 3 médailles d'or d'affilée aux JO (1964, 1968, 1972). La Fédération internationale l'a déclaré meilleur combattant de lutte libre du XXe siècle !

CATÉGORIES

♂ • 57 KG • 65 KG • 74 KG • 86 KG • 97 KG • 125 KG •
♀ • 48 KG • 53 KG • 58 KG • 63 KG • 69 KG • 75 KG •

TAEKWONDO

Le taekwondo est un art martial d'origine sud-coréenne, dont le nom signifie « la voie du pied et du poing ». Les arts martiaux coréens étaient interdits pendant l'occupation japonaise, jusqu'à la fin de la Seconde Guerre mondiale. Dans les années 1950, pour incarner l'identité nationale, les pratiques vont être unifiées de manière à poser les bases d'un nouveau sport, dans lequel les combattants utilisent leurs poings et surtout leurs pieds. Il est intégré au programme olympique à compter de 2000, à Sydney.

PARE-CHOCS

Les protections, pour la tête et le tronc, sont de couleur rouge et bleue. Et heureusement qu'elles sont là, car les concurrents ne font pas semblant. Les coups sont donnés avec le maximum de force. C'est le seul sport olympique qui autorise les frappes avec le pied. Pour simplifier et éviter les contestations d'arbitrage, les concurrents utilisent désormais une belle avancée technique : des plastrons et des casques électroniques, qui peuvent comptabiliser les points lors des touches. Les combats s'effectuent en 3 rounds de 2 min.

LE 1er CHAMPION

Le 1er champion olympique des poids lourds en 2000 est le Coréen Kim Kyong-Hun. En demi-finale, il est copieusement dominé par le Français Pascal Gentil. L'arbitrage est partial et sa victoire est très contestée. Sur le podium, il invite Gentil à monter avec lui sur la 1re marche, mais celui-ci, tout à son amertume, refuse.

LE MEILLEUR FRANÇAIS

Pascal Gentil est capitaine de l'équipe française de taekwondo. Un gabarit qui ne passe pas inaperçu, 1,98 m et 98 kg, mais qui ne lui permet de récolter que 2 médailles de bronze, en 2000, à Sydney, et en 2004, à Athènes. Il se qualifie pour les Jeux de Pékin, mais à un mois de la compétition, il se blesse, à l'entraînement, à la voûte plantaire. Cette grande figure du taekwondo décide de se retirer, après un 14e titre de champion de France.

LES FRANÇAISES PAS EN RESTE

Les résultats des Françaises aux JO sont remarquables. En 2004, à Athènes, Myriam Baverel obtient la médaille d'argent en poids lourds. En 2008, la très sympathique mais redoutable Gwladys Epangue remporte le bronze à Pékin en poids moyens. Enfin, en 2012, à Londres, Anne-Caroline Graffe décroche l'argent en poids lourds et Marlène Harnois le bronze en poids légers.

LA FAMILLE TAEKWONDOÏSTE

L'Américain Steven Lopez est un des 1ers champions olympiques de la discipline. Il remporte le titre en 2000, à Sydney, en poids légers. En 2004, à Athènes, il décide de combattre dans la catégorie supérieure des poids moyens. Il réussit à gagner la médaille d'or. En 2008, toujours en poids moyens, après 6 années de victoires ininterrompues, il chute en quart de finale et n'empoche que le bronze. C'est le plus titré de la famille, avec ses 3 médailles olympiques et ses 5 titres de champion du monde, mais, fait exceptionnel, en plus de Steven, son frère Mark et sa sœur Diana glanent aussi une médaille à Pékin. Et son frère aîné est entraîneur !

COMBATTANT AU GRAND CŒUR

L'Iranien Hadi Saei Bonehkohal termine 3e des poids légers en 2000, à Sydney. En 2004, à Athènes, il remporte le titre, toujours en poids légers. Il décide alors de tenter sa chance en poids moyens à Pékin, en 2008. Cette tentative lui sourit, puisqu'il se voit décerner l'or, alors qu'il s'est fracturé le poignet dans son 1er combat. Sa brillante carrière lui a permis de remporter 16 médailles d'or, 3 d'argent et 4 de bronze au cours des différentes compétitions. En 2003 a lieu le dramatique tremblement de terre de Bam, dans son pays. Il décide de vendre ses médailles pour venir en aide aux Iraniens sinistrés.

MAUVAIS PERDANT

À Pékin, en 2008, le combat pour le bronze (+ 80 kg) entre le Cubain Angel Valodia Matos et le Kazakh Arman Chilmanov est acharné. Le Cubain, qui a déjà été champion olympique en 2000, à Sydney, veut absolument reconquérir son titre. Mais il se blesse à un orteil, les soins s'éternisent et l'arbitre finit par le disqualifier. Matos n'est pas d'accord, il discute de manière virulente et soudain porte un violent coup de pied au visage de l'arbitre. Il sera radié à vie de toute compétition.

LE 1er MÉDAILLÉ

Rohullah Nikpai est afghan. Il remporte le bronze en 2008, à Pékin, en poids mouche. Il est accueilli à Kaboul en héros national. C'est le 1er médaillé olympique de l'Afghanistan. Jusque-là, ce pays n'avait envoyé que 4 athlètes en tout aux JO. Rohullah récidive en 2012, encore en bronze !

LA 1re CHAMPIONNE OLYMPIQUE

La Chinoise Chen Zhong a 17 ans quand elle remporte son 1er titre majeur, aux JO de Sydney, dans la catégorie poids lourd. Elle gagne de nouveau à Athènes, en 2004, malgré une blessure au genou. Elle est la favorite dans son pays, à Pékin, en 2008. Elle remporte son quart de finale contre Sarah Stevenson, mais à la fin de ce combat indécis, la Britannique pose une réclamation sur un coup non comptabilisé (un coup à la tête valant 2 points). Chen est éliminée.

LA FEMME DE PORCELAINE

La Chinoise Wu Jingyu est double championne olympique en 2008 et 2012, en poids mouche. Cette attaquante féroce, surnommée « Axe kick girl », est redoutée pour ses coups de pied qui tapent aussi fort que ceux de ses compagnons d'entraînement masculins. Sa passion, contre toute attente, c'est la porcelaine. Elle qui est originaire de Jingdezhen, capitale de la porcelaine chinoise, aime dessiner sur cette matière si fragile.

LA FEMME AUX 3 MÉDAILLES

La Coréenne Kyung-seon Hwang obtient le bronze à Athènes, en 2004, en poids moyens. Elle règne sur la discipline, raflant l'or en 2008, à Pékin, et en 2012, à Londres. C'est la seule femme qui a gagné 3 médailles au taekwondo.

LES PLUS MÉDAILLÉS

3 médailles pour l'Américain Steven Lopez, l'Iranien Hadi Saei Bonehkohal et la Coréenne Kyung-seon Hwang.

CATÉGORIES

♂ • – 58 KG • – 68 KG • – 80 KG • + 80 KG •
♀ • – 49 KG • – 57 KG • – 67 KG • + 67 KG •

London 2012
London

COMME UN POISSON

JAPAN

COMME UN POISSON

AVIRON

L'aviron figure au programme des JO à partir de 1900, à Paris. Les épreuves s'ouvrent aux femmes uniquement à compter de 1976. Des catégories poids léger apparaissent en 1996, à Atlanta. Les 1res courses modernes sont anglaises. Elles ont lieu sur la Tamise, dont le célèbre duel universitaire Oxford-Cambridge qui débute en 1828. Même phénomène aux États-Unis, avec la course Harvard-Yale qui se dispute depuis 1852. Toutes les épreuves, 14 en tout, 8 masculines et 6 féminines, se déroulent sur une distance de 2 000 m.

1er LOUPÉ !

Lors des 1ers JO de 1896, les épreuves d'aviron doivent se tenir en mer, mais des vagues très fortes, virant quasiment à la tempête, ainsi qu'une pluie glaciale sont au rendez-vous. Aucune course ne peut avoir lieu !

UN PEU DE VOCABULAIRE

Le « skiff » est un bateau à 1 place. Les autres bateaux sont désignés par les chiffres « 2 », « 4 » et « 8 », qui indiquent le nombre de rameurs. La rame, ou aviron, qui propulse l'embarcation est appelée communément la « pelle ». Les bateaux sont dits « de pointe » (1 aviron par rameur) ou « de couple » (2 avirons par rameur). Le barreur est l'équipier, assis au bout du bateau, qui dirige les rameurs et l'esquif.

POIDS ET MESURES

Les bateaux sont longs et étroits pour réduire la résistance de l'eau et améliorer la vitesse. Ainsi un « 8 » mesure 18 m de long pour une largeur qui n'excède pas 55 cm. En poids légers, la moyenne des rameurs doit être inférieure à 70 kg pour les hommes et 57 kg pour les femmes, tandis que pour le skiff le rameur doit peser moins de 72,5 kg et la rameuse moins de 59 kg.

MÉDAILLÉ INCONNU

Les favoris de l'épreuve du 2 avec barreur aux JO de 1900, les Néerlandais Roelof Klein et François Brandt, sont battus en séries par un équipage français dont le barreur extrêmement léger est un enfant. Ils décident de se séparer de leur propre barreur, Hermanus Brockmann, qui accuse un bon 60 kg sur la balance, et engagent un jeune Parisien qui pèse à peine 33 kg. Ils deviennent champions olympiques. Si la photo atteste bien la présence de l'enfant, son nom, suite à un oubli, n'est enregistré nulle part. Impossible d'identifier celui qui est probablement le plus jeune médaillé de l'histoire des JO.

QUELLE FAMILLE !

L'Américain Jack Kelly, en 1920, gagne le titre olympique à 2 reprises, en skiff et 2 de couple. Il empoche une 3e médaille d'or en 1924. Une statue en son honneur figure dans le parc Fairmount de Philadelphie, dont il devient maire par la suite. Son fils John pratique le même sport que lui et il remporte une médaille de bronze en skiff aux JO de Melbourne, en 1956. Sa fille Grace prend un autre chemin. Elle est une actrice reconnue et devient la princesse de Monaco.

ÉPREUVES

• ♂♀ SKIFF • ♂♀ 2 DE COUPLE • ♂♀ 2 DE COUPLE POIDS LÉGERS • ♂♀ 4 DE COUPLE • ♂♀ 2 SANS BARREUR • ♂ 4 SANS BARREUR • ♂ 4 SANS BARREUR POIDS LÉGERS • ♂♀ 8 •

AMOUREUX DE LA NATURE

Henry « Bobby » Pearce possède déjà une confortable avance sur son concurrent direct, le Français Victor Saurin, dans ce quart de finale du skiff, aux JO d'Amsterdam, en 1928. Mais tout à coup, le rameur australien, très respectueux de la nature, s'arrête pour laisser passer une famille de canards qui se promène dans son couloir. Il va devoir cravacher pour refaire son retard et se qualifier pour la suite de la compétition. Il gagne la médaille d'or quelques jours plus tard. Il récidive en 1932, à Los Angeles, remportant un nouveau titre olympique.

LE PLUS JEUNE PARTICIPANT

Carlos Front a 11 ans, c'est le barreur du 8 espagnol aux JO de Barcelone, en 1992.

LE PLUS JEUNE MÉDAILLÉ

Le barreur français Noël Vandernotte remporte 2 médailles de bronze à l'âge de 12 ans, 7 mois et 20 jours, à Berlin, en 1936. Engagé avec ses oncles Marcel et Fernand Vandernotte dans le 4 barré, il ne fait pas le poids requis (37 kg contre les 40 exigés). Pas de souci, il va concourir avec un sac de sable sur les genoux. Il gagne sa 2nde médaille avec l'équipe française Marceau Fourcade/Georges Tapie sur le 2 avec barreur. C'est le plus jeune médaillé olympique en 1936.

DOPAGE AU « MAZOUT »

Dans le 4 avec barreur des Vandernotte, le reste de l'équipage est composé de Jean Cosmat et Marcel Chauvigné. Ce dernier est surnommé « Mazout ». À l'époque, le mazout, c'est le surnom donné au vin rouge. Et le Français a besoin d'une bonne rasade pour ramer à plein régime !

LE SOURIRE CRISPÉ DU FÜHRER

Les Britanniques Jack Beresford, qui a déjà conquis 4 médailles (2 en or et 2 en argent), et Leslie Southwood concourent pour le titre du 2 sans barreur à Berlin, en 1936, devant Adolf Hitler en personne, venu applaudir les vainqueurs qui ne peuvent être que les Allemands, grandissimes favoris de l'épreuve. Ils arrivent à rester dans le sillage de la paire germanique avant de la déposer à 200 m de l'arrivée.

JUMEAUX

Faut-il être des jumeaux pour gagner l'épreuve du 2 sans barreur ? On pourrait le croire, au moins pour les JO de Moscou, en 1980. Les champions olympiques d'origine est-allemande, Bernd et Jörg Landvoigt, sont des jumeaux. Comme l'équipe classée 2e, les frères Nicolai et Yuri Pimenov, de nationalité soviétique.

L'AIR NAPOLITAIN

Bon sang ne saurait mentir ! Originaires de Pompéi, les 3 frères Abbagnale s'entraînent au large de Naples ou le long de la côte amalfitaine. L'aîné, Giuseppe, et son cadet Carmine obtiennent 3 médailles en 2 barré : l'or à Los Angeles en 1984 et à Séoul en 1988, et l'argent à Barcelone en 1992. Le benjamin, Agostino, fait encore mieux que ses aînés avec 3 médailles, mais toutes d'or : en 4 de couple à Séoul en 1988 et à Sydney en 2000, et en 2 de couple à Atlanta en 1996. Les 3 frères sont donc médaillés d'or dans les mêmes Jeux, à Séoul. Exploit familial peu commun !

LE BRITANNIQUE AUX 5 MÉDAILLES D'OR

Steve Redgrave est une légende de l'aviron. Il est sacré champion olympique du 4 avec barreur aux JO de Los Angeles en 1984. Il récidive à Séoul, en 1988, dans le 2 sans barreur, raflant également une médaille de bronze en 2 avec barreur. À Barcelone, en 1992, et à Atlanta, en 1996, il fait équipe avec Matthew Pinsent et remporte le 2 sans barreur à chaque fois. Il termine sa carrière à Sydney, en 2000, en devenant champion olympique du 4 sans barreur. 5 Jeux, 5 médailles d'or !

LA PLUS DÉCORÉE

La Roumaine Elisabeta Lipa est la rameuse la plus décorée de toute l'histoire des Jeux : 5 médailles d'or, 2 d'argent et 1 de bronze. Elle démarre sa moisson à Los Angeles, en 1984, en gagnant l'or en 2 de couple. À Séoul, argent en 2 de couple et bronze en 4 de couple. À Barcelone, en 1992, elle obtient le titre de championne olympique en skiff et l'argent en 2 de couple. En 1996, à Atlanta, elle s'essaye au 8 avec barreur : médaille d'or. En 2000, à Sydney, elle conserve ce titre, ainsi qu'en 2004, à Athènes.

LA FÊTE !

L'Australienne Rachel Taylor remporte la médaille d'argent dans l'épreuve du 2 sans barreur aux JO de Sydney, en 2000. Elle n'en peut plus de joie et part faire la tournée des bars de la ville pour fêter sa 2e place. Le lendemain matin, impossible de remettre la main sur sa médaille. On fait appel à toutes les compagnies de taxis de Sydney. Un chauffeur va finir par la retrouver sous le siège arrière du véhicule qui avait transporté la vice-championne.

CANOË-KAYAK

Le canoë et le kayak sont réunis au sein d'un même sport, même si les deux embarcations diffèrent. Le canoë est originaire d'Amérique du Nord, où il était utilisé comme moyen de transport sur les rivières et les lacs nombreux de la région. Le kayak vient des Inuits, qui s'en servaient pour la chasse. Ce sport figure au programme olympique depuis 1936 pour les courses en ligne. La descente en eaux vives (slalom) fait une brève apparition aux JO de Munich, en 1972, avant de revenir de manière définitive aux JO de Barcelone, en 1992. Aux Jeux, les femmes ne pratiquent que le kayak.

COMMENT LES DISTINGUER ?

Il est facile de confondre C (canoë) et K (kayak). C'est d'ailleurs par ces initiales que sont désignées les différentes épreuves. Ce n'est pas le nombre de concurrents sur le bateau qui les distingue, mais la technique utilisée. En canoë, le concurrent est installé à genoux au fond du bateau en slalom ou un genou au fond et un pied devant en course en ligne, et sa pagaie est simple (à 1 pale). Il la tient par le haut du manche et la plonge soit à droite, soit à gauche. En kayak, il est assis sur un siège au fond de l'embarcation, et sa pagaie est double (à 2 pales). Il la tient par le milieu, pagayant alternativement de chaque côté.

LES ÉPREUVES

2 types d'épreuves en canoë-kayak. Tout d'abord les courses en ligne, dites en eaux calmes, d'une longueur de 200 m, 500 m et 1 000 m. À Londres, en 2012, on en comptait 12, 8 masculines et 4 féminines. Les embarcations peuvent contenir 1, 2 ou 4 concurrents (C1 ou K4 par exemple). Puis les courses en eaux vives, appelées slaloms. Ce sont des descentes où le concurrent doit passer 18 à 25 « portes » suspendues le long d'un parcours de 300 m. Il faut allier vitesse et technique, des points de pénalité sanctionnant les mauvais passages de portes, qu'il faut franchir dans le sens du courant ou à contre-courant. Il y a toujours 2 manches et le meilleur cumul des temps désigne le vainqueur. Ces épreuves de slalom sont au nombre de 4 (3 masculines et 1 féminine) : canoë et kayac monoplaces (C1, K1) et canoé biplace masculin (C2).

LE SLALOM

C'est une invention de nos amis suisses qui ont pris pour modèle le slalom spécial en ski pour créer cette épreuve dans les années 1930.

LE LIEU OÙ IL FAUDRA ÊTRE À RIO

C'est au pied du site majestueux du Corcovado (la colline où est installée la fameuse statue du Christ) que vont se courir les courses en ligne, dans une sorte de lagune nommée le lac Rodrigo de Freitas. Quelque inquiétude assaille les futurs concurrents : les algues qui prolifèrent et risquent de ralentir les embarcations. L'eau ne semble pas très propre. En avril 2014, des milliers de poissons sont morts, le lac en était jonché. Les autorités brésiliennes ont conclu à un choc thermique malencontreux. On en a quand même repêché 60 tonnes d'après un journal local.

DE PÈRE EN FILS

Le canoéiste Bill Havens se trouve face un dilemme à quelques jours des JO de 1924, à Paris : participer aux Jeux ou assister à la naissance de son fils. L'Américain a beau être le favori en C4, il préfère renoncer. Coup du sort : son fils naît le 1er août, 5 jours après la fin des Jeux. En 1952, à Helsinki, son fils Frank est aligné dans le 10 000 m C1. Il remporte le titre olympique, après avoir empoché l'argent en 1948 à Londres. Quelle revanche !

UNE ATHLÈTE EXCEPTIONNELLE

L'Allemande Birgit Fischer obtient sa 1re médaille à 18 ans à Moscou, en 1980. Elle va décrocher un titre à chacune des 6 compétitions olympiques auxquelles elle participe. L'écart entre la 1re et la dernière médaille est de 24 ans ! Son total de médailles : 8 en or et 4 en argent. Qui dit mieux ? En 2012, pour les Jeux de Londres, elle va avoir 50 ans, elle veut sortir de sa retraite et recommence un entraînement forcené. Mais les médecins lui déconseillent de concourir en raison de problèmes cardiaques.

ÉPREUVES

COURSE EN LIGNE

♂ • C1 (200 M, 1 000 M) • C2 (1 000 M) • K1 (200 M, 1 000 M) • K2 (200 M, 1 000 M) • K4 (1 000 M) •

♀ • K1 (200 M, 500 M) • K2 (500 M) • K4 (500 M) •

SLALOM

♂ • C1 • C2 • K1 •

♀ • K1 •

LE COLOSSE ROUMAIN

Ivan Patzaichin est champion du monde à 9 reprises. Ce colosse roumain ne manquera pas ses JO, il devient champion olympique en 1968, à Mexico, il réitère en 1972, à Munich, puis encore à Moscou, en 1980 et à Los Angeles en 1984. Bilan : 4 médailles d'or et 3 d'argent.

IL GLISSAIT TELLEMENT VITE

Le Néo-Zélandais Ian Ferguson ne participe qu'à 2 JO dans sa carrière. En 1984, il glane 3 médailles d'or. À Séoul, en 1988, il remporte 1 médaille d'or et 1 d'argent. Belle moisson !

LE BÉARNAIS A FRAPPÉ 3 FOIS

Tony Estanguet est né à Pau, dans le Béarn, la région des gaves. Il fait partie d'une famille de canoéistes. Son père termine 2e du championnat de France à 3 reprises. Son frère aîné, Patrice, a pris la suite, terminant en bronze aux JO d'Atlanta en 1996. Tony aussi s'essaye au slalom. Lors des sélections olympiques de 2000, il élimine son frère, le résultat est cruel, d'autant que Patrice a de véritables chances de médaille. Tony entame alors sa trilogie : médaille d'or en 2000, à Sydney, mais aussi en 2004, à Athènes, et enfin, 8 ans après, à Londres, en 2012. Il est aujourd'hui membre du Comité international olympique.

LE SLOVAQUE SURDOUÉ

Le Slovaque Michal Martikan est l'adversaire le plus coriace de Tony Estanguet. En 1996, il gagne le titre. En 2000, il finit en argent juste derrière lui. En 2004, Martikan semble avoir remporté la victoire, mais la vidéo de la course révèle qu'il a effleuré une porte dans la 2nde manche du slalom, il écope d'une pénalité de 2 s. Au décompte final, seuls 12 centièmes les séparent, mais c'est bien Tony qui passe devant. En 2008, il conquiert à nouveau le titre olympique, Estanguet étant éliminé en demi-finale. Pour terminer, il obtient le bronze en 2012, à Londres. Son palmarès est élogieux, en 5 Jeux, il ramène 5 médailles : 2 en or, 2 en argent et 1 en bronze.

CADEAU EMPOISONNÉ

Quand Martikan remporte sa 1re médaille d'or en 1996, il devient un héros national, le 1er Slovaque champion olympique depuis la partition de la Tchécoslovaquie. Il est âgé de 17 ans et le Président slovaque lui offre son permis de conduire sans qu'il ait à passer d'examen. Malheureusement, il va heurter un piéton qui décède. Il est condamné par le tribunal, reconnu coupable d'homicide involontaire. Il risque la prison. Mais le nouveau président de la Slovaquie intervient, graciant celui qui a tant fait pour la réputation de son pays.

Les plus médaillés :

- le Suédois Gert Fredriksson : **8 médailles,** dont **6 en or**, entre 1948 et 1960
- l'Allemande Birgit Fischer : **12 médailles,** dont **8 en or**, entre 1980 et 2004

COMME UN POISSON

NATATION

Quand les athlètes jouent les poissons aux Jeux olympiques, cela donne les sports aquatiques, composés aujourd'hui de la natation de course, du plongeon, de la natation synchronisée et du water-polo. Lors des 1ers Jeux, les épreuves avaient lieu en pleine mer ou dans un lac. Les piscines ne seront utilisées qu'à partir de 1908.

LA NATATION DE COURSE

En compétition, on peut nager seul ou en équipe (lors des relais). L'objectif est simple : arriver le 1er !

EN QUELQUES MOTS

C'est bien connu, l'homme a toujours nagé, comme on peut le voir sur des peintures préhistoriques. Mais à l'époque, pas question de s'amuser dans l'eau. On y allait pour pêcher et nourrir sa famille. Ce n'est qu'au XIXe siècle que la natation devient un sport. Il est tellement populaire qu'il devient olympique dès la toute 1re édition des Jeux en 1896 pour les hommes, qui évoluent alors en pleine nature au beau milieu des poissons et des canards, avant de s'ouvrir aux femmes en 1912. La natation de course comprendra en 2016 pas moins de 34 épreuves. Elles sont réparties en fonction du style de nage : la nage libre, au choix du nageur mais de fait il s'agit toujours du crawl ; le papillon ; la brasse ; et enfin le dos, qui en pratique est crawlé.

PIPI !

Bon, ça fait un peu réfléchir avant de se jeter à l'eau, mais selon une ancienne championne américaine, Carly Geehr, les nageurs font parfois… un petit pipi dans la piscine quand une envie survient en pleine course. Le grand champion olympique, Michael Phelps, a lui-même confirmé que cela pouvait lui arriver. Quand on sait qu'il est toujours devant les autres, on imagine combien de concurrents ont nagé dans son pipi. Beurk !

2008, LES JEUX DES RECORDS

66 records olympiques ont été établis aux Jeux de Pékin. Considérable au regard des derniers Jeux de Londres (25 records battus) ou encore des Jeux d'Atlanta, en 1996 (14 records seulement).

LES DERNIERS JEUX EN CHIFFRES

À Londres, en 2012, 9 records du monde ont été battus, 25 records olympiques, 30 records continentaux, 3 records d'Europe, 149 records nationaux et 3 records de France.

1ers SACRES

Le Hongrois Alfred Hajos est le tout 1er médaillé olympique en natation, au 100 m nage libre d'Athènes, en 1896. Il est ensuite titré sur le 1 200 m nage libre, une épreuve qui se dispute… en pleine mer ! L'Australienne Fanny Durack, quant à elle, devient la 1re femme championne olympique en remportant le 100 m nage libre en 1912, à Stockholm.

50 M

Une piscine olympique mesure 50 m de long et 25 m de large, permettant à 8 concurrents, répartis dans 8 couloirs larges de 2,5 m chacun, de s'affronter.

25 °C

C'est la température officielle de l'eau dans un bassin olympique pour les épreuves de natation de course. Et attention, il ne faut pas un degré de plus, surtout pour préserver la santé des nageurs. En effet, quand on fait du sport, on transpire. Dans une piscine, même si l'on est presque nu, c'est la même chose : si l'eau est trop chaude, les nageurs vont trop transpirer et se déshydrater, ce qui est dangereux.

1912, LES JEUX ENFIN AU FÉMININ !

Ce n'est qu'en 1912 que les femmes sont autorisées à participer aux épreuves aquatiques des Jeux olympiques, à Stockholm (2 épreuves de natation et 1 de plongeon). Notons tout de même que dès 1908, à Londres, les femmes prennent part aux Jeux lors des épreuves de voile, aux postes d'équipier.

893 MILLIONS DE DOLLARS

Voilà la somme complètement folle versée par la chaîne de télé américaine NBC pour retransmettre les Jeux de Pékin. Un pari gagnant car la star américaine, Michael Phelps, décroche pas moins de 8 médailles d'or et réunit plus de 30 millions de téléspectateurs américains le soir de l'obtention de son 8e titre.

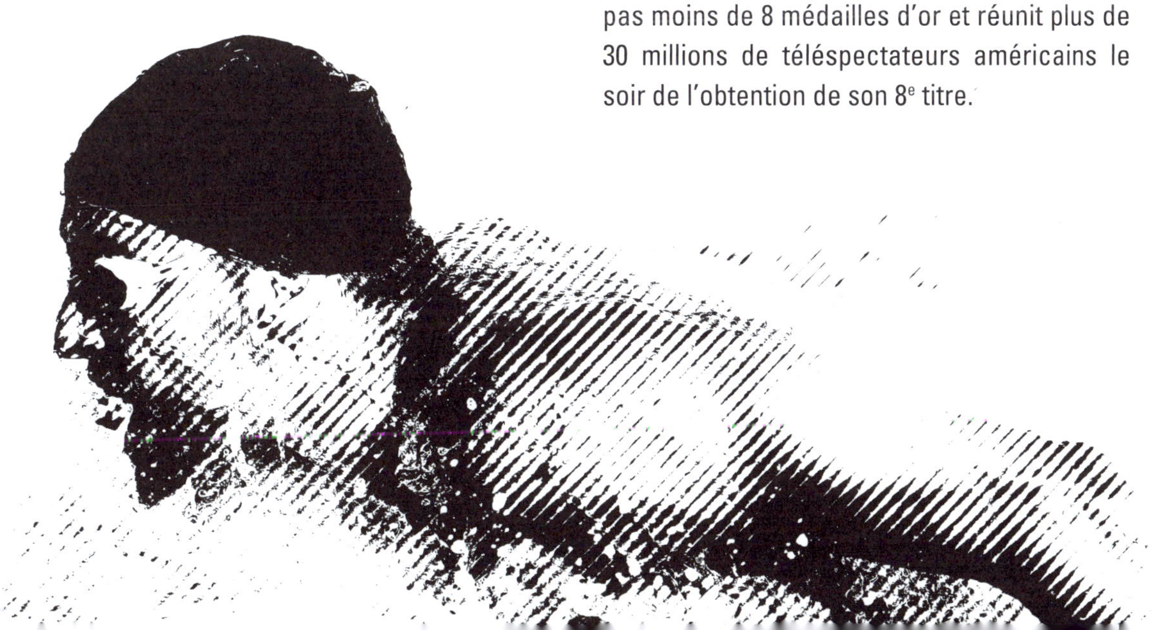

LES ÉPREUVES DE VITESSE

Ou comment jouer au « poisson voilier » le plus rapide au monde.

TARZAN !

Johnny Weissmuller, plus connu sous le nom de Tarzan, héros qu'il incarnera au cinéma à partir de 1932, est d'abord un grand champion de natation et le 1er à nager le 100 m en moins de 1 min. Avant de se balader dans les arbres, il évolue dans l'eau brillamment et remporte 5 médailles d'or aux Jeux (3 en 1924 et 2 en 1928). Il décroche également une médaille de bronze avec l'équipe des États-Unis de… water-polo.

COURAGE OLYMPIEN

Mais comment Éric Moussambani, nageur de Guinée équatoriale, a-t-il pu remporter sa série du 100 m nage libre aux Jeux de Sydney, en 2000, alors qu'il sait à peine nager ? Surnommé par la presse « Éric l'Anguille » à cause de son style si particulier, il est tout simplement seul dans le bassin après l'élimination de ses concurrents pour faux départ. Lui qui n'a jamais nagé sur cette distance boucle le 100 m le plus interminable de l'histoire des JO, dans la douleur, sous les encouragements du public. Un inoubliable symbole de l'esprit olympique.

ÉPREUVES

• 50, 100 ET 200 M NAGE LIBRE, 4 X 100 ET 4 X 200 M NAGE LIBRE • 100 ET 200 M DOS • 100 ET 200 M BRASSE • 100 ET 200 M PAPILLON • 200 M 4 NAGES, 4 X 100 M 4 NAGES •

2 MINUTES !

L'Américain Donald Schollander, loin de se déplacer comme un canard, est le 1er nageur, le 27 juillet 1963, à parcourir le 200 m en moins de 2 min. Il remporte 1 an plus tard, aux Jeux de Tokyo, pas moins de 4 médailles d'or (100 et 400 m nage libre et 2 en relais). Après une grave maladie, il revient en 1968 à Mexico et gagne encore un titre olympique sur 200 m nage libre.

HÉROS & SHÉRIF

L'Hawaiien Duke Paoa Kahanamoku, surnommé l'homme poisson, est le 1er à conserver son titre olympique du 100 m nage libre, en 1912 et 1920 (les Jeux de 1916 ont été annulés à cause de la guerre). Il est considéré comme l'inventeur du crawl. Au terme de sa carrière sportive, il devient acteur et surfeur reconnu. Avec sa planche, il sauve d'ailleurs la vie de 8 personnes dont le bateau est en train de couler. Puis il est élu shérif d'Honolulu. Quelle vie pleine de remous !

UNE BLAGUE IMPÉRIALE

La nageuse australienne Dawn Fraser se distingue en étant la 1re à s'imposer dans la même épreuve, le 100 m nage libre, lors de 3 éditions consécutives (1956, 1960 et 1964). Elle se fait aussi remarquer lorsqu'elle veut fêter son dernier titre, à Tokyo, en subtilisant le drapeau du Japon situé devant le palais de l'Empereur. Elle est arrêtée juste avant de réussir son pari, mais elle présente publiquement ses excuses… et repart avec le drapeau offert par l'Empereur en personne !

UNE MOUSTACHE QUI FAIT TACHE

L'Américain Mark Spitz remporte, aux Jeux de Munich en 1972, 7 médailles d'or en seulement 8 jours de compétition, battant le record du monde sur chaque épreuve. Face à ce succès, la presse lui demande quel est son secret. Spitz, amusé par la question, répond que c'est grâce à sa moustache, qui empêche l'eau de rentrer dans sa bouche et lui fait ainsi gagner de précieuses secondes. Une blague prise très au sérieux par ses rivaux russes qui se présentent en compétition, 1 an plus tard, tous pourvus d'une moustache sous le regard coquin de Spitz !

TRÈS JEUNE

En 1936, lors des Jeux de Berlin, la Danoise Inge Sørensen est médaillée de bronze du 200 m brasse. À seulement 12 ans et 24 jours, c'est la plus jeune médaillée olympique… connue. Un autre participant, sur une épreuve d'aviron en 1900, serait un médaillé encore plus jeune, mais son identité demeure mystérieuse à ce jour.

APNÉE

Afin de réduire leur temps sur l'épreuve du 50 m nage libre, la plupart des nageurs olympiques réalisent la course sans respirer.

PARTAGEUSES

Les Américaines Nancy Hogshead et Carrie Steinseifer ont décidé de tout partager lors des Jeux de 1984 à Los Angeles. Les 2 nageuses, qui logent déjà dans la même chambre d'hôtel pendant la compétition, arrivent ex aequo au 100 m nage libre, se partageant ainsi la médaille d'or. Une première sans précédent ! Elles sont encore sacrées ensemble championnes olympiques, ce coup-ci en participant au 4 x 100 m nage libre dans la même équipe.

K-O ?

L'Allemande Kristin Otto est la 1re femme à remporter 6 titres olympiques dans une même édition. C'est à Séoul, en 1988, qu'elle réalise l'étonnante performance de décrocher 2 médailles d'or en relais et 4 individuelles sur 50 et 100 m nage libre, 100 m papillon et 100 m dos. Toutefois, certains s'interrogent aujourd'hui sur cette prouesse après l'inculpation pour dopage de son ancien entraîneur et de son médecin.

KRISZTINA EGERSZEGI

La Hongroise est la seule nageuse à avoir décroché 5 médailles d'or en individuel dans des épreuves de natation de course. Elle est également la seule, avec l'Australienne Dawn Fraser, à avoir remporté l'or dans la même discipline au cours de 3 olympiades consécutives (sur 200 m dos en 1988, 1992 et 1996). Quand elle gagne son 1er titre, elle n'a que 14 ans !

♂

Nage libre

50 m

RO : 21 s 30
par le Brésilien César Cielo (Pékin, 2008)
RM : 20 s 91
par le Brésilien César Cielo (2009)

100 m

RO : 47 s 05
par l'Australien Eamon Sullivan (Pékin, 2008)
RM : 46 s 91
par le Brésilien César Cielo (2009)

200 m

RO : 1 min 42 s 96
par l'Américain Michael Phelps (Pékin, 2008)
RM : 1 min 42 s 00
par l'Allemand Paul Biedermann (2009)

Dos

100 m

RO : 52 s 16
par l'Américain Matthew Grevers (Londres, 2012)
RM : 51 s 94
par l'Américain Aaron Peirsol (2009)

200 m

RO : 1 min 53 s 41
par l'Américain Tyler Clary (Londres, 2012)
RM : 1 min 51 s 92
par l'Américain Aaron Peirsol (2009)

Brasse

100 m

RO : 58 s 46
par le Sud-Africain Cameron van der Burgh (Londres, 2012)
RM : 57 s 98
par le Britannique Adam Peaty (2015)

200 m

RO : 2 min 07 s 28
par le Hongrois Dániel Gyurta (Londres, 2012)
RM : 2 min 07 s 01
par le Japonais Akihiro Yamaguchi (2012)

Papillon

100 m

RO : 50 s 58
par l'Américain Michael Phelps (Pékin, 2008)
RM : 49 s 82
par l'Américain Michael Phelps (2009)

200 m

RO : 1 min 52 s 03
par l'Américain Michael Phelps (Pékin, 2008)
RM : 1 min 51 s 51
par l'Américain Michael Phelps (2006)

4 nages

200 m

RO : 1 min 54 s 23
par l'Américain Michael Phelps (Pékin, 2008)
RM : 1 min 54 s 00
par l'Américain Ryan Lochte (2011)

Relais

4 x 100 m nage libre

RO & RM : 3 min 08 s 24
par les États-Unis (Pékin, 2008)

4 x 200 m nage libre

RO : 6 min 58 s 56
par les États-Unis (Pékin, 2008)
RM : 6 min 58 s 55
par les États-Unis (2009)

4 x 100 m 4 nages

RO : 3 min 29 s 34
par les États-Unis (Pékin, 2008)
RM : 3 min 27 s 28
par les États-Unis (2009)

PETITE REINE

La Néerlandaise Inge de Bruijn est la petite reine des Jeux de 2000 en réalisant un triplé sur 50 m et 100 m nage libre puis 100 m papillon. Elle obtiendra encore une médaille, en argent, sur le 4 x 100 m nage libre.

LA PLUS FORTE

L'Allemande Kornelia Ender rafle tout sur son passage en 1976. Avec 4 titres (100 et 200 m nage libre, 100 m papillon, 4 x 100 m 4 nages) et autant de records du monde, Ender est tout simplement une très grande championne !

WILKIE SAUVE L'HONNEUR

En remportant le 200 m brasse à Montréal en 1976, le Britannique David Wilkie est le seul champion olympique de natation non américain cette année-là.

STAR DES BASSINS ET DES JEUX

L'incontournable Michael Phelps est considéré comme le plus grand champion de tous les temps en natation de course. L'Américain, qui est inscrit dans 8 épreuves aux Jeux de Pékin en 2008, les remporte toutes, battant 7 records du monde en prime. Il est aujourd'hui l'athlète le plus médaillé des JO, toutes disciplines et toutes éditions confondues, avec 22 médailles gagnées entre 2004 et 2012, dont 18 en or, 2 en argent et 2 en bronze !

♀

Dos

100 m

RO : 58 s 33
par l'Américaine Missy Franklin (Londres, 2012)
RM : 58 s 12
par la Britannique Gemma Spofforth (2009)

200 m

RO & RM : 2 min 04 s 06
par l'Américaine Missy Franklin (Londres, 2012)

Brasse

100 m

RO : 1 min 05 s 17
par l'Australienne Leisel Jones (Pékin, 2008)
RM : 1 min 04 s 35
par la Lituanienne Ruta Meilutyte (2013)

200 m

RO : 2 min 19 s 59
par l'Américaine Rebecca Soni (Londres, 2012)
RM : 2 min 19 s 11
par la Danoise Rikke Moller Pedersen (2013)

Nage libre

50 m

RO : 24 s 05
par la Néerlandaise Ranomi Kromowidjojo (Londres, 2012)
RM : 23 s 73
par l'Allemande Britta Steffen (2009)

---

100 m

RO : 53 s 00
par la Néerlandaise Ranomi Kromowidjojo (Londres, 2012)
RM : 52 s 07
par l'Allemande Britta Steffen (2009)

---

200 m

RO : 1 min 53 s 61
par l'Américaine Allison Schmitt (Londres, 2012)
RM : 1 min 52 s 98
par l'Italienne Federica Pellegrini (2009)

4 nages

200 m

RO : 2 min 07 s 57
par la Chinoise Ye Shiwen (Londres, 2012)
RM : 2 min 06 s 12
par la Hongroise Katinka Hosszu (2015)

Papillon

100 m

RO : 55 s 98
par l'Américaine Dana Vollmer (Londres, 2012)
RM : 55 s 64
par la Suédoise Sara Sjostrom (2015)

---

200 m

RO : 2 min 04 s 06
par la Chinoise Jiao Liuyang (Londres, 2012)
RM : 2 min 01 s 81
par la Chinoise Zige Liu (2009)

Relais

4 x 100 m nage libre

RO : 3 min 33 s 15
par l'Australie (Londres, 2012)
RM : 3 min 30 s 98
par l'Australie (2014)

---

4 x 200 m nage libre

RO : 7 min 42 s 92
par les États-Unis (Londres, 2012)
RM : 7 min 42 s 08
par la Chine (2009)

---

4 x 100 m 4 nages

RO & RM : 3 min 52 s 05
par les États-Unis (Londres, 2012)

LES ÉPREUVES D'ENDURANCE

Ou l'art de jouer les poissons migrateurs.

1re MÉDAILLÉE D'OR FRANÇAISE

Les Jeux d'Athènes en 2004 voient la consécration d'une jeune championne française, Laure Manaudou, qui, en remportant le 400 m nage libre, offre à la France une 1re médaille d'or dans les épreuves féminines depuis leur création en 1912. Elle décroche également la médaille d'argent au 800 m et le bronze au 100 m dos.

DRAME

Camille Muffat devient la star de la natation française lors des Jeux de Londres en 2012 avec 3 médailles, dont 1 en or sur le 400 m nage libre, où elle bat le record olympique. Elle disparaît tragiquement dans le crash d'un hélicoptère en 2015 alors qu'elle participe à un jeu télé.

52, NOMBRE FÉTICHE

Jean Boiteux vient de remporter le 400 m aux Jeux d'Helsinki, en 1952. Un seul Français avant lui a gagné l'or dans une épreuve de natation, voilà 52 ans. Une performance qui vaut bien un plongeon dans le bassin, tout habillé, de son père fou de bonheur, alors que les autres concurrents arrivent à peine. Après cet exploit, il faudra attendre encore 52 ans pour revoir un Français sur la 1re marche olympique : Laure Manaudou.

MARATHON AQUATIQUE

L'épreuve du 10 km, dite du marathon, intègre le programme olympique en 2008. Les nageurs évoluent en milieu naturel ou dans un bassin extérieur. La France a un bel espoir de médaille pour les Jeux de 2016 avec Aurélie Muller, championne du monde de la discipline en 2015.

ÉPREUVES

• 400 M NAGE LIBRE • 400 M 4 NAGES • ♀ 800 M NAGE LIBRE • ♂ 1 500 M NAGE LIBRE • 10 KM •

4 CENTIÈMES

Le sport est magnifique, y compris dans la défaite. En 2012, à Londres, le final du 10 km féminin offre un incroyable suspense. La Hongroise Eva Risztov termine 1re devant l'Américaine Haley Anderson, après une lutte acharnée où les 2 nageuses franchissent la ligne en même temps… à 4 centièmes près : 1 h 57 min 38 s 2 contre 1 h 57 min 38 s 6, l'espace d'une goutte d'eau !

UNE 1re POUR LA TUNISIE

Le Tunisien Oussama Mellouli est le 1er à remporter une médaille en piscine et en eau libre. Champion olympique du 1 500 m nage libre à Pékin, en 2008, il décroche en effet le bronze au 1 500 m nage libre et l'or au marathon aux Jeux de Londres.

JAMAIS 2 SANS 3 ?

L'Allemand Thomas Lurz est le seul athlète à remporter 2 médailles lors du 10 km, le bronze à Pékin en 2008 et l'argent à Londres en 2012. Aux Jeux de Rio, arrivera-t-il à décrocher un 3e titre ?

MOINS DE 15 MIN

Invincible sur le 1 500 m, le nageur soviétique Vladimir Salnikov est le 1er à descendre sous la barre mythique des 15 min, aux Jeux de Moscou en 1980 (14 min 58 s 27).

♂

400 m nage libre

RO : 3 min 40 s 14
par le Chinois Sun Yang (Londres, 2012)
RM : 3 min 40 s 07
par l'Allemand Paul Biedermann (2009)

1 500 m nage libre

RO & RM : 14 min 31 s 02
par le Chinois Sun Yang (Londres, 2012)

400 m 4 nages

RO & RM : 4 min 03 s 84
par l'Américain Michael Phelps (Pékin, 2008)

10 km

Meilleure performance : 1 h 49 min 55 s 1
par le Tunisien Oussama Mellouli (Londres, 2012)

♀

400 m nage libre

RO : 4 min 01 s 45
par la Française Camille Muffat (Londres, 2012)
RM : 3 min 58 s 37
par l'Américaine Katie Ledecky (2014)

800 m nage libre

RO : 8 min 14 s 10
par la Britannique Rebecca Adlington (Pékin, 2008)
RM : 8 min 11 s 00
par l'Américaine Katie Ledecky (2014)

400 m 4 nages

RO & RM : 4 min 28 s 43
par la Chinoise Ye Shiwen (Londres, 2012)

10 km

Meilleure performance : 1 h 57 min 38 s 2
par la Hongroise Eva Risztov (Londres, 2012)

LES ÉPREUVES INSOLITES OUBLIÉES

La natation a connu de drôles d'épreuves par le passé, lors des 1res éditions des Jeux modernes. Dommage qu'elles aient toutes disparu, car certaines méritent vraiment qu'on ne les oublie pas tant elles rappellent la devise olympique : l'important est bien de participer, mais toujours en se surpassant !

NAGE SOUS L'EAU

Cette épreuve présente aux Jeux de 1900 défie les lois de la lenteur. En effet, pour l'emporter, les concurrents doivent nager le plus doucement possible pour parcourir une distance maximale de 60 m. Si, dans les livres d'histoire du sport, Jean Boiteux (1952) est considéré comme l'unique champion olympique tricolore de natation jusqu'en 2004, la réalité est autre. En remportant cette épreuve en un temps improbable de 1 min 8 s, Charles de Vendeville est bel et bien le 1er nageur français couvert de lauriers. Et le seul dans cette épreuve qui n'est plus inscrite au programme olympique 4 ans plus tard.

NAGE D'OBSTACLES

Les compétiteurs doivent nager, escalader les mâts des bateaux, passer sous la coque de ces derniers, le tout sur 200 m. Cette épreuve disparaît dès les Jeux de 1904.

100 M NAGE LIBRE POUR MARINS GRECS

Étrange épreuve que celle-ci ! En 1896, elle est, comme son nom l'indique, réservée aux marins, grecs qui plus est, qui doivent, en pleine mer, nager un 100 m.

1 200 M NAGE LIBRE EN PLEINE MER

Le nageur hongrois Alfred Hajos, champion olympique du 1 200 m nage libre aux Jeux d'Athènes en 1896, déclare à l'arrivée qu'il doit sa victoire non pas à la volonté de gagner… mais uniquement à celle de survivre ! La remarque est compréhensible quand on sait que les compétiteurs ont été lâchés en pleine mer à 1 200 m des côtes dans une eau à 13 °C avec un fort courant qui rendait la tâche encore plus périlleuse.

LA NATATION SYNCHRONISÉE

En natation synchronisée, les notes sont données par des juges. La note maximale est 10. Chaque épreuve se compose d'un programme technique avec des figures imposées et d'un programme libre qui repose sur des figures plus artistiques. Le tout se fait en musique !

EN QUELQUES MOTS

La « danse aquatique » (ou « acrobaties aquatiques ») naît en 1907 grâce à l'Australienne Annette Kellerman, qui donne un impressionnant spectacle dans un bassin en verre à New York. Il faut toutefois attendre 1924 pour que la discipline soit reconnue comme un véritable sport. Le terme « natation synchronisée » n'apparaît qu'en 1934, à Chicago, lors de la performance d'une équipe de 60 nageuses dirigées par Katherine Curtis, qui a l'idée d'ajouter de la musique. Des épreuves en solo et en duo figurent aux JO de 1984. Depuis 1996, une compétition par équipe de 8, le ballet, remplace le solo. Ce sport, exigeant et très complet, impose une sacrée maîtrise de sa respiration, de la gym, de la danse et de la natation, avec une difficulté supplémentaire : tout le monde doit exécuter le même mouvement en même temps, au rythme de la musique. Les nageuses n'ont jamais le droit de toucher le fond de la piscine, même pour les portés. Le programme technique dure 2 min 20 s en duo et 2 min 50 s en ballet. Le programme libre dure 3 min en duo et 4 min en ballet. Il est possible de rester 10 s maximum sur le bord de la piscine pour débuter le programme avant de plonger dans l'eau.

AU CINÉMA

La natation synchronisée est devenue populaire grâce à la star de cinéma Esther Williams qui introduisit des ballets aquatiques dans plusieurs films, comme *La Première Sirène*, en 1952.

LE NEZ MAIS PAS LES YEUX !

Mieux vaut ne pas avoir les yeux sensibles pour pratiquer cette discipline car les lunettes de natation sont strictement interdites. Il est en revanche autorisé d'utiliser, pour empêcher l'eau de rentrer dans le nez, une pince en plastique ou en métal recouverte de caoutchouc.

OÙ SONT LES HOMMES ?

La discipline aux Jeux olympiques est réservée aux femmes. Mais pour combien de temps encore ? Depuis les derniers championnats du monde, les hommes participent en effet à une épreuve, le duo mixte (homme/femme).

L'EFFET MIROIR

La natation synchronisée, comme son nom l'indique, impose une synchronisation parfaite afin d'obtenir la meilleure note. Pour y parvenir, certains n'hésitent pas à composer des duos de sœurs, voire de sœurs jumelles. C'est le cas des championnes olympiques en 1992, Karen et Sarah Josephson. « L'effet miroir » en devient troublant tant les expressions des visages et la gestuelle peuvent être quasi identiques.

CAMÉRAS

Pour ne rien rater du spectacle qui se passe aussi sous l'eau, mais également pour vérifier que les nageuses ne touchent pas le fond de la piscine, des caméras sont placées sous l'eau.

26 °C

Température de l'eau dans un bassin de compétition

RECORD SYNCHRONISÉ

Les Russes Anastasia Ermakova et Anastasia Davydova sont les sportives les plus titrées de la natation synchronisée, avec 4 médailles d'or (duo et ballet) obtenues aux Jeux d'Athènes en 2004 et de Pékin en 2008. Anastasia Davydova se distingue une nouvelle fois en 2012, à Londres, en décrochant une 5e médaille d'or, en ballet.

COCORICO

Leur duo a gagné le bronze en 2000 à Sydney : Myriam Lignot et Virginie Dedieu sont à ce jour les seules médaillées françaises de la discipline aux Jeux olympiques.

DOMINATION

Depuis les Jeux de Sydney en 2000, les Russes ont remporté toutes les médailles d'or olympiques possibles.

EN APNÉE

Pour être une excellente nageuse synchronisée, il faut savoir rester longtemps en apnée. Il s'agit de l'une des principales contraintes de cette discipline. Pendant un ballet de 4 min, les nageuses peuvent passer plus de la moitié du temps sous l'eau tout en ayant une dépense énergétique importante.

20 x 30 m

Taille minimale du bassin

3 m minimum
Profondeur du bassin

SPECTACULAIRE

Les « portés » sont des figures spectaculaires surtout quand on sait qu'il est interdit de poser les pieds au sol. L'une des nageuses est portée par les autres au-dessus de la surface de l'eau ou projetée dans les airs. Seule la propulsion des nageuses dans l'eau permet d'effectuer le porté.

DRÔLES DE NOMS

Coup de pied à la lune grand écart ouvert à 360° : il s'agit de l'une des plus importantes figures imposées en natation synchronisée, où les nageuses terminent le haut du corps sous l'eau, tête vers le fond, et les pieds au-dessus, les jambes en grand écart. Autres figures aussi impressionnantes que leurs noms sont rigolos : le flamant rose, le barracuda, l'albatros, le dauphin ou encore la tour Eiffel !

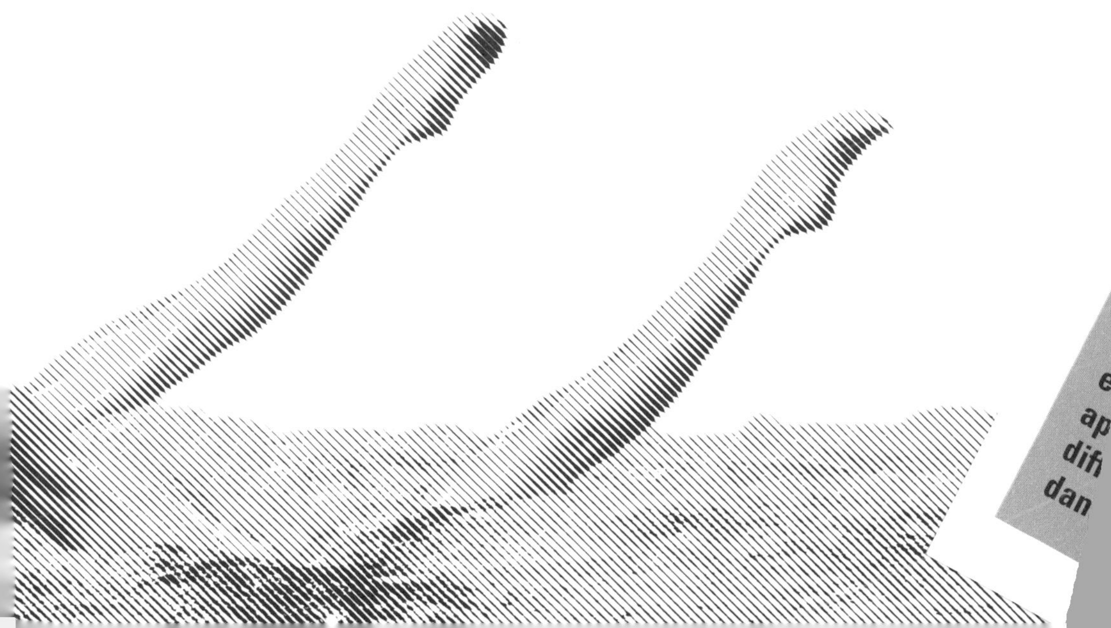

LE PLONGEON

Ce sport est né en Suède au XVIIIe siècle. Discipline olympique depuis 1904 pour les hommes et 1912 pour les femmes, le plongeon est un sport très populaire et impressionnant, pratiqué à ses débuts surtout par des gymnastes. L'objectif est simple : sauter et exécuter les plus belles figures acrobatiques avant de tomber dans l'eau. Chaque plongeon est apprécié par des juges qui lui attribuent une note sur 10 en fonction de la technique du plongeur et de la qualité artistique de son saut.

Les sauts sont réalisés sur un tremplin à 3 m au-dessus de l'eau ou ur une plate-forme à 10 m (le haut-vol). Aux Jeux de Sydney en 2000, n plus des épreuves individuelles, le plongeon synchronisé fait son parition : 2 plongeurs doivent exécuter des figures semblables ou érentes mais toujours synchronisées, et pénétrer en même temps s l'eau.

UN PLOUF QUI FAIT MAL

Le plongeur allemand Stephan Feck est peu connu du grand public. Pourtant le sportif s'est distingué, bien malgré lui, au plongeon à 3 m des Jeux de Londres, en 2012, en réalisant un superbe plat, qui lui vaut un zéro tout rond de la part des juges. Courageux, Feck revient sur le tremplin, malgré la douleur, pour exécuter un 2e saut qui se passe nettement mieux. Mais ce n'est pas suffisant pour effacer le zéro reçu lors du 1er plongeon, ni la tristesse d'avoir échoué.

UNE MÉDAILLE SANS MAILLOT

Le plongeur russe Dmitri Sautin a décroché 8 médailles aux Jeux. Une performance unique au plongeon ! Toutefois, c'est une autre histoire qui retient l'attention. En effet, sa toute 1re médaille aurait pu lui échapper. La raison ? Sautin, quelque peu distrait en découvrant pour la 1re fois Barcelone et ses charmes, se présente à la compétition... sans son maillot de bain, oublié dans sa chambre ! Comme on ne renonce pas aux Jeux, il a le choix entre sauter tout nu devant les caméras du monde entier ou tenter d'en trouver un sur place. Pas facile en pleine compétition olympique. Heureusement, un autre plongeur, le Mexicain Fernando Platas, généreux et surtout partageur, accepte de lui prêter le sien. Sautin montera sur la 3e marche du podium. Le Mexicain, lui, ne finira qu'à la 17e place, mais son maillot aura contribué à la médaille de bronze !

LE MAL DE TÊTE DU GRAND CHAMPION

Quand on pratique le plongeon, l'accident n'est jamais bien loin. Et cela arrive même aux meilleurs. Greg Louganis, considéré comme le plus grand plongeur de tous les temps, ne dira pas le contraire. Louganis est particulièrement réputé pour la précision et la beauté de ses sauts, que les observateurs attribuent à sa maîtrise technique inspirée de ses nombreuses années de danse classique. En 1988, il se qualifie pour la finale du tremplin après s'être violemment cogné la tête contre le plongeoir. Luttant contre la douleur, Louganis remporte le tremplin à 3 m et le haut-vol. Une belle leçon de détermination !

UN FLASH QUI FÂCHE

Lors de l'épreuve de haut-vol aux Jeux de Londres en 2012, le Britannique Thomas Daley ne s'est pas fait que des amis. Auteur d'un 1er saut très moyen, le plongeur se dirige vers la table des juges pour leur expliquer qu'il a été aveuglé par un flash d'appareil photo. Contre toute attente, ils acceptent que Daley réalise un nouveau saut, nettement meilleur celui-ci, qui va lui permettre de décrocher une médaille de bronze. Une telle demande est inédite et elle continue de faire grincer des dents, surtout celles du Russe Victor Minibaev qui a fini 4e.

ÉPREUVES • TREMPLIN À 3 M • PLATE-FORME À 10 M • TREMPLIN À 3 M SYNCHRONISÉ • PLATE-FORME À 10 M SYNCHRONISÉE •

5 MÉDAILLES !

Avec 5 médailles dont 4 en or, la Chinoise Mingxia Fu est la plongeuse la plus titrée aux JO, devant les stars de la discipline, les Américaines Patricia McCormick et Dorothy Poynton-Hill.

TRÈS JEUNES CHAMPIONNES

L'Américaine Marjorie Gestring devient en 1936 la plus jeune médaillée d'or des Jeux olympiques en remportant à l'âge de 13 ans et 268 jours l'épreuve de plongeon sur tremplin à 3 m. La Chinoise Mingxia Fu arrive tout juste derrière en décrochant l'or à Barcelone en 1992, dans l'épreuve du plongeon de haut-vol à 10 m, à 13 ans et 353 jours. En 1991, dans cette même épreuve, elle était devenue la plus jeune championne du monde, tous sports confondus, à seulement 12 ans.

LA MEILLEURE NOTE

À Pékin, en 2008, l'Australien Matthew Mitcham exécute un saut quasi parfait. 4 juges lui accordent la note de 10/10 et il obtient un score global de 112,10, le plus élevé jamais obtenu dans les épreuves de plongeon en compétition olympique !

TROP FORTES

Depuis les Jeux d'Atlanta en 1996, la Chine a dominé les épreuves olympiques de plongeon, en remportant 27 des 36 titres possibles. Mais les États-Unis restent encore loin devant avec 125 médailles décernées depuis 1904, dont 46 médailles d'or.

UNE ÉPREUVE OUBLIÉE

Comme pour la natation, certaines épreuves n'existent plus. C'est le cas du plongeon en longueur, discipline olympique uniquement aux Jeux de 1904. La règle est simple. Vous sautez et vous allez le plus loin possible.

5 m
Profondeur minimale du bassin pour les épreuves de plongeon

6 m
Longueur minimale de la plate-forme, large de 2 m

4,8 m
Longueur minimale du tremplin, large de 50 cm

3 m
Largeur minimale de la plate-forme du plongeon synchronisé

LE WATER-POLO

Le water-polo apparaît en 1900 aux Jeux de Paris et seulement en 2000 pour les femmes. Déjà pratiqué à l'époque romaine, il s'agit d'une sorte de handball dans une piscine. Il a été développé par les Anglais, fans du polo, qui remplacent d'abord les chevaux par des canoës, puis les abandonnent quelques années plus tard pour jouer directement dans l'eau avec le ballon. Chaque équipe est composée de 7 joueurs dont un gardien. Un match se joue en 4 périodes de 8 min. Attention, il faut un peu aimer la castagne pour pratiquer ce sport où les coups ne sont pas rares en match. Le tournoi olympique comporte une phase de poules et une phase finale.

DU BON PIED

Olivér Halassy est le 1er sportif amputé à disputer des Jeux olympiques. Ce grand champion a perdu un pied dans un accident de voiture, mais cela ne l'empêche pas, quelques années après, de remporter 2 titres olympiques avec l'équipe de Hongrie de water-polo, en 1932 à Los Angeles et en 1936 à Berlin, sans oublier une médaille d'argent en 1928 à Amsterdam.

Poids de la balle environ **400 g**	**Terrain** ♂ 30 m x 20 m ♀ 25 m x 20 m
9 titres Record du nombre de médailles d'or, détenu par la Hongrie	Profondeur minimale du bassin **1,80 m**

DRÔLES DE MARTIENS

Les joueurs de water-polo sont obligés de porter un bonnet de bain un peu particulier, généralement bleu pour une équipe et blanc pour l'autre, à l'exception des gardiens qui évoluent avec un bonnet rouge. Il s'attache sous le menton et est doté de drôles de protecteurs d'oreille souples, qui font une tête de martien. Il porte le numéro du joueur sur les côtés et le code du pays sur l'avant. Quand on regarde un match et parfois les coups qui pleuvent, on comprend l'importance du port de ce casque bizarre !

LE RETOUR DU DUKE

En 1932, à 42 ans, le champion olympique du 100 m nage libre en 1912 et 1920, Duke Paoa Kahanamoku, revient aux Jeux de Los Angeles au poste de remplaçant dans l'équipe américaine de water-polo et ajoute une médaille de bronze à son palmarès.

BAIN DE SANG

Alors que l'URSS vient d'écraser l'insurrection de la Hongrie, en 1956, les 2 pays s'affrontent pour une place en finale des Jeux de Melbourne. La rencontre va se solder par un véritable règlement de compte entre les joueurs. Après un vilain coup de poing donné par un Soviétique à son adversaire, provoquant un important saignement, le match tourne à la bagarre générale dans l'eau devenue rouge. L'arbitre interrompt la partie, qui sera rebaptisée le « Bain de sang », et donne la victoire à la Hongrie, qui remportera ensuite le titre. Une victoire symboliquement forte en pleine guerre froide !

DOUCE FRANCE

La France ne brille pas vraiment en water-polo. Elle a pourtant remporté le titre lors des Jeux de 1924. Une performance qu'elle n'a plus jamais réalisée, retrouvant une seule fois le podium pour occuper la 3e marche en 1928.

UN POLOÏSTE FINE LAME

Le Belge Victor Boin a la particularité de maîtriser aussi bien le water-polo que l'escrime. Il fait mouche dans ces 2 disciplines, obtenant l'argent en water-polo aux Jeux de 1908 et le bronze aux Jeux de 1912, ainsi que l'argent en épée par équipe aux Jeux de 1920. Il est aussi le 1er à lire le serment olympique dans l'histoire des JO, en 1920 à Anvers.

DOUBLE MAILLOT

La technique est bien connue de ces guerriers de l'eau. Ce sport étant parfois très agressif, les joueurs peuvent y laisser des plumes ou plutôt leur maillot. Afin d'éviter de se retrouver nus devant les caméras, ils portent non pas 1 mais 2 maillots en compétition. Comme le dit le dicton, « un homme averti en vaut deux » !

GOAL !

C'est l'Américaine Maggie Steffens qui détient le record du plus grand nombre de buts marqués lors d'un match et d'une édition olympique complète, soit 7 buts en 1 match et 21 au cours des Jeux de 2012 ! Énorme performance.

6 !

C'est le nombre incroyable de participations aux JO du poloïste espagnol Manuel Estiarte. Médaillé d'or en 1996, il participe à sa 1re compétition en 1980 et met un terme à sa carrière olympique après les Jeux de Sydney en 2000.

LA LÉGENDE

Les spécialistes le qualifient de meilleur joueur de water-polo de tous les temps. Le Hongrois Dezsö Gyarmati a excellé dans 5 éditions des Jeux olympiques, de 1948 à 1964, remportant pas moins de 3 médailles d'or, 1 d'argent et 1 de bronze. Il décroche une 4e médaille d'or en 1976, en tant qu'entraîneur ce coup-ci.

VOILE

Les hommes ont utilisé depuis toujours des embarcations pour se déplacer sur l'eau. Mais, une nouvelle fois, ce sont nos voisins du Royaume-Uni, et particulièrement le roi Charles II, qui contribuent à en développer la pratique et plus tard à en faire un sport, dès 1660. La 1re compétition internationale a lieu en 1851 sous le nom de l'America's Cup, qui existe toujours aujourd'hui. La voile fait son entrée olympique aux Jeux de 1896, mais pour cause de mauvais temps toutes les épreuves sont annulées. Encore présente à Paris en 1900, elle disparaît du programme en 1904 et sera réintégrée définitivement en 1908.

EN QUELQUES MOTS

Aux JO, la voile comporte 10 épreuves, 5 chez les hommes, 4 chez les femmes et 1 mixte. Les compétiteurs s'affrontent d'abord dans des courses de qualification appelées « régates » (10 au total, mais 15 pour la catégorie des bateaux 49er). Les points dépendent des places à l'arrivée de chaque course (1 point pour le 1er, 2 pour le 2e, etc.). Les 10 équipages qui ont accumulé les scores les plus bas se qualifient pour la finale appelée « course à la médaille », où le 1er à franchir la ligne l'emporte.

Tous les bateaux d'une même catégorie (on dit « classe ») sont identiques. Attention, quand on parle de voile, cela comprend aussi les épreuves de planche à voile, les Français y excellent.

3 TYPES D'EMBARCATIONS AUX JO

La planche à voile, composée de 1 planche de 2,88 m et de 1 voile de 9,5 m² pour les hommes et de 8,5 m² pour les femmes.

Les dériveurs, qui sont des petits voiliers composés d'une partie rigide où s'assoit le marin, appelée la « coque », et de 1 voile (pour les Laser, Laser radial et Finn) ou de 3 voiles (pour les 470, skiff 49er et skiff 49er FX). Ces bateaux sont légers et peuvent très facilement se retourner dans l'eau (on dit alors que le bateau a dessalé). Mais heureusement, il est facile de redresser l'embarcation.

Les catamarans, qui sont composés de 2 coques et de 2 voiles (Nacra 17).

ÉPREUVES EN 2016

♂♀ PLANCHE À VOILE : RS:X
♂ DÉRIVEUR LÉGER EN SOLITAIRE : LASER
♀ DÉRIVEUR LÉGER EN SOLITAIRE : LASER RADIAL
♂ DÉRIVEUR LOURD EN SOLITAIRE : FINN
♂♀ DÉRIVEUR EN DOUBLE : 470
♂ SKIFF EN DOUBLE : 49er
♀ SKIFF EN DOUBLE : 49er FX
(MIXTE) CATAMARAN EN DOUBLE : NACRA 17

EN FAMILLE

Le duo cubain père-fils Carlos de Cárdenas (44 ans) et Carlos de Cárdenas Junior (16 ans) remporte la médaille d'argent en classe Star (un voilier plus lourd que le dériveur, qui n'est pas retenu pour la compétition de 2016 à Rio) à Londres en 1948. En 1912, Amédée Thubé gagne l'or en classe 6 m (encore un voilier mais qui n'est plus olympique depuis 1956) avec ses frères Gaston et Jacques. En famille, c'est toujours mieux !

EN ÉTÉ COMME EN HIVER

Quand on est un grand champion, peu importe les saisons. 1er vainqueur olympique de saut à skis en 1924, le Norvégien Jacob Thams est médaillé d'argent de voile (classe 8 m) en 1936. Seuls 3 autres sportifs ont eu des médailles aux JO d'été et d'hiver : l'Américain Edward Eagan en boxe (or des mi-lourds en 1920) et bobsleigh à 4 (or en 1932), l'Allemande de l'Est Christa Rothenburger en patinage de vitesse (or du 500 m en 1984 et du 1 000 m en 1988, argent du 500 m en 1988) et cyclisme (argent de la vitesse en 1988), la Canadienne Clara Hughes en cyclisme sur route (2 médailles de bronze en 1996) et patinage de vitesse (or du 5 000 m et argent par équipe en 2002, bronze du 5 000 m en 2006).

FIERTÉ D'UN PAYS

Lors des Jeux de Londres en 2012, le Chypriote Pavlos Kontides remporte la 1re médaille olympique de son pays en arrivant 2e dans la classe Laser.

PAS DE SKI POUR LA VOILE

Le ski nautique a été une discipline de démonstration lors des Jeux de Munich en 1972, mais n'est jamais parvenu à s'inscrire dans le programme officiel.

CRISE DE NERFS !

Ben Ainslie, marin le plus titré de l'histoire des JO après la médaille obtenue en 2012 chez lui à Londres, a pourtant bien failli ne pas participer à ces Jeux. Lors des championnats du monde en 2011, gêné par un bateau de journalistes, il saute sur leur embarcation et s'énerve violemment contre un cameraman. Conformément au règlement, il pourrait être suspendu pendant 2 ans de toute compétition internationale. Mais finalement, grâce à son palmarès, il est seulement déclassé et peut se présenter aux Jeux l'année suivante.

L'HOMME DES RECORDS

Ben Ainslie a, comme les Brésiliens Robert Scheidt et Torben Grael, remporté 5 médailles dans 5 éditions olympiques successives. Mais il est le seul des 3 à en compter 4 en or (et 1 en argent). Ses 11 titres de champion du monde en Laser de 1993 à 1999 puis en Finn de 2002 à 2012 constituent encore un record. Il est fait chevalier de la Couronne britannique en 2013 pour services rendus à son sport.

LA FEMME DES RECORDS

Avec 1 médaille d'or en 2000, 1 d'argent en 2008 et 2 de bronze en 1996 et 2004, la véliplanchiste italienne Alessandra Sensini est la plus médaillée de la voile olympique.

DES MÉDAILLES EN PAGAILLE

Si les États-Unis détiennent, avec 59 récompenses, dont 19 en or, le plus grand nombre de médailles depuis que la voile est devenue une discipline olympique, c'est la Grande-Bretagne qui a le record des titres olympiques, soit 25. La France ne se défend pas si mal avec 12 titres et un total de 38 médailles, ce qui la place au 5e rang mondial.

LE PLUS ÂGÉ

William Martin, qui remporte l'argent à bord de son bateau, Crabe II, aux Jeux de Paris en 1900, à l'âge de 71 ans, serait le doyen des médaillés français de voile. Mais un doute subsiste quant à la véritable identité de ce champion car, dans la famille Martin, le père autant que les fistons se prénomment William. Alors s'agissait-il réellement du papa à bord de ce bateau ou bien de l'un des fils ?

49 embarcations
différentes ont été présentées dans le programme olympique à un moment ou à un autre
depuis 1896

BALLE ET VOLANT

London 2012

BADMINTON

Ce sport de raquette (le plus rapide du monde) se joue à l'intérieur, pour ne pas subir les aléas du vent qui pourraient changer la trajectoire du « volant » qui ne pèse que 5 g. Il est devenu discipline olympique en 1992 et comporte 5 épreuves. Un match se joue au meilleur de 3 sets de 21 points chacun.

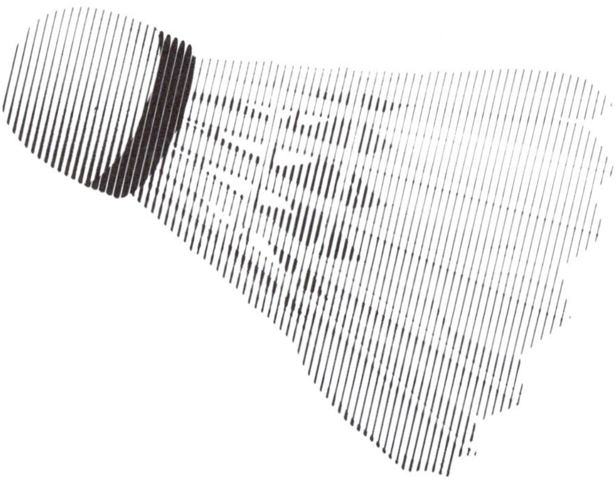

493 km/h : RM de vitesse d'un volant par le Malaisien Tan Boon Heong.

Plus de **100 millions de pratiquants** dans le monde.

Au cours d'un match d'environ 1 h 15, plus de 6 km parcourus (contre 3 au tennis), 2 000 frappes par joueur, plus de 13 échanges par point (contre 3,5 au tennis).

Le Chinois Lin Dan (Super Dan) est le seul **double médaillé d'or** de badminton (2008 et 2012) et le 1er badiste à remporter 5 titres mondiaux.

IL N'EST PAS INTERDIT DE BOIRE AU VOLANT

C'est au cours d'une soirée bien arrosée, en 1873, durant laquelle le duc de Beaufort reçoit en grande pompe des officiers de retour des Indes, que tout va se jouer, dans sa demeure de Badminton House. Entre ces convives passablement éméchés, les conversations vont bon train jusqu'à évoquer des sports pratiqués dans les colonies anglaises, en particulier le « poona » indien qui se joue à l'aide d'une raquette et d'une balle légère. Et tout ce beau monde décide de faire une démonstration dans la salle à manger. Côté raquette, on trouve le nécessaire, mais point de balle. L'un d'entre eux prend un bouchon de champagne (ce n'est pas ce qui manque !) et y colle quelques plumes. Et voilà pour le volant. 4 ans plus tard, ils édictent les règles de ce sport qu'ils appellent tout naturellement le badminton.

CHER VOLANT !

Le volant professionnel est fabriqué à la main et comporte un bouchon en liège et une jupe en plumes. Mais pas n'importe quelles plumes ! Il est composé de 16 plumes d'aile gauche d'oie. Il pèse obligatoirement entre 4,7 et 5,5 g. C'est quand même autre chose que notre volant plastique de l'été ! Pendant certains matchs de haut niveau, les joueurs utilisent plus de 12 volants. Et comme depuis la grippe aviaire le prix des volants a considérablement augmenté…

LES FIANCÉS BADISTES

1992 : ce sont les 1ers JO pour le badminton, à Barcelone. L'Indonésienne de poche (1,61 m, mais quelle énergie et quelle habileté !) Susi Susanti devient la 1re championne olympique en battant en finale la Sud-Coréenne Bang Soo-Hyun, sous les yeux énamourés de son fiancé, Alan Budikusuma. Le lendemain, c'est à lui de rentrer en piste. Même s'il est loin d'être favori, il veut absolument se montrer digne de celle qu'il souhaite épouser. Il arrive à se hisser en finale et il bat son compère Ardy Wiranata. Cette année-là, les 3 médailles du simple masculin sont attribuées à des « badistes » (c'est ainsi qu'on nomme les pratiquants de la discipline) indonésiens. Susi continue à pratiquer le badminton et décroche une médaille de bronze à Atlanta en 1996. Ensuite, ils se marièrent et eurent beaucoup de petits « badistes », enfin 3, 1 fille et 2 garçons.

LE POINT LE PLUS LONG

Cette partie oppose le Danois Jan Jorgensen au Vietnamien Tien Minh Nguyen. Ils sont en quart de finale, chacun a gagné 1 set. Le joueur asiatique mène 20 à 18 dans la 3e manche. Aucun ne veut céder. Le point suivant va susciter 108 échanges, sous les applaudissements de plus en plus nourris d'un public ébahi. C'est un moment exceptionnel. Jorgensen réussit à gagner le point sur un coup légèrement trop long de son adversaire. Mais il finit par perdre le match, épuisé par une telle intensité. Son vainqueur sera éliminé en demi-finale.

SCANDALE À LONDRES

Ce n'est pas à une affaire de paris truqués ou de matchs manipulés que sont confrontés les juges-arbitres à Londres en 2012, mais à des joueuses accusées d'avoir perdu volontairement des rencontres. L'équipe chinoise championne du monde en titre (Yu Yang et Wang Xiaoli) perd à la surprise générale en poule contre une paire sud-coréenne jusqu'alors assez insignifiante : aucun échange de plus de 4 coups, fautes directes de service, volants envoyés à l'extérieur ou dans le filet. Leur défaite doit leur permettre d'éviter d'affronter une autre paire chinoise coriace en quart de finale. Scénario identique dans un match opposant une paire indonésienne favorite à une équipe sud-coréenne. On appelle cela « petits arrangements entre amies ». Cette affaire a un tel retentissement négatif que la Fédération internationale de badminton décide d'exclure ces 8 joueuses du tournoi olympique pour « attitude contraire à l'esprit olympique ». Yu Yang, championne olympique du double à Pékin en 2008, décide d'arrêter sa carrière.

ÉPREUVES

• SIMPLE ♂♀ • DOUBLE ♂♀ ET MIXTE •

GOLF

Plus d'un siècle après avoir disparu du programme olympique, le golf revient pour l'édition 2016 avec pas moins de 30 pays engagés dans la compétition ! Cela montre le succès de ce sport discret et pourtant très pratiqué un peu partout dans le monde. On trouve sa trace dès le XIVe siècle, surtout en Hollande où l'on parle alors de *kolf* ou *colf*. Mais c'est en Écosse que cette pratique se développe avec l'instauration de vraies règles du jeu à partir de 1744, généralisées en 1754, ce qui en fait l'un des plus vieux sports codifiés au monde. Le golf apparaît aux Jeux pour la 1re fois en 1900 à Paris avec une épreuve masculine et une féminine. Il est supprimé après l'édition de 1904.

LES RÈGLES

Le golf consiste à taper dans la petite balle avec un « club » afin de la faire rentrer dans un trou. Il se pratique sur un terrain composé de 18 « trous » et parsemé d'obstacles : lac, arbres, collines, rivières ou « bunkers » (fosses remplies de sable). Chaque parcours, ou trou, est divisé en 4 zones : le départ ; le « green », un gazon ras où est situé le trou ; entre les deux, le « fairway », où l'herbe est courte ; et le « rough », qui borde le fairway et où l'herbe haute handicape le golfeur.

L'épreuve olympique se déroulera selon la formule du « stroke-play », c'est-à-dire que tous les coups sont pris en compte lors d'un tournoi qui dure 4 jours, soit 4 x 18 trous, et celui qui réalise le plus petit nombre de coups remporte le tournoi.

LES PIONNIERS

Les Américains Margaret Ives Abbott et Charles Edward Sands sont les 1ers champions olympiques de golf.

CHAMPIONNE SANS LE SAVOIR

Margaret Ives Abbott est certes la 1re championne olympique, mais c'est tout à fait par hasard qu'elle participe à cette compétition en 1900 à Paris. Venue des États-Unis pour assister à l'Exposition universelle, Margaret, passionnée de golf, découvre qu'un tournoi se déroule non loin. Elle décide de s'inscrire, ne sachant pas qu'il s'agit en réalité des Jeux olympiques. Quelques jours plus tard, elle remporte le tournoi… pour son pays. Margaret est à ce jour la seule championne olympique de son sport, avant Rio 2016. Elle est également la toute 1re sportive américaine sacrée aux Jeux. Mais elle meurt à l'âge de 78 ans sans savoir qu'elle a remporté une médaille d'or olympique !

HARRY « PUTTER »

Le golfeur se sert de plusieurs clubs pour taper dans la balle. Ils sont classés en 4 catégories : les « bois » sont utilisés pour les longs coups ; les « fers », pour les coups intermédiaires, plus précis ; les « wedges » sont des clubs spécifiques pour mieux contrôler la trajectoire de la balle à l'approche du trou ou pour se sortir de situations difficiles comme lorsque la balle est dans un bunker ; enfin, les « putters » sont des clubs réservés aux coups finaux pour faire rouler la balle en douceur jusqu'au trou, on dit alors que le golfeur « putte » un coup.

L'HEURE DU TEE

Attention, ne nous trompons pas, pour commencer une partie, les golfeurs ne se servent pas une tasse de thé mais utilisent un « tee ». Cet accessoire ressemble à un clou à tête plate, sur laquelle le joueur pose sa balle pour la frapper.

ALLONS SWINGUER

Le « swing » est le nom d'une danse. Mais au golf, le terme désigne un mouvement permettant de frapper la balle très fort pour la faire voler afin de la rapprocher du trou.

LUNAIRE

L'astronaute américain Alan Shepherd a réalisé une double prouesse le 6 février 1971. Marcher sur la lune et y jouer au golf en frappant un coup dans une balle, dont l'histoire ne nous dit pas si elle a été retrouvée !

BRONZE PAR 2

L'édition de 1904 attribue la médaille de bronze à 2 golfeurs, les Américains Burt McKinnie et Francis Newton, faute d'avoir réussi à les départager.

USA POWER

Les États-Unis détiennent le record de médailles remportées aux Jeux olympiques : sur 12 récompenses possibles et 13 décernées (compte tenu d'un score ex aequo pour le bronze en 1904), les Américains en ont décroché 10 : 3 en or, 3 en argent et 4 en bronze.

Une balle de golf ne doit pas peser plus de 45,93 g et son diamètre est d'au moins 42,67 mm. Elle comporte entre 300 et 450 petites alvéoles.

TENNIS

Le tennis trouve son origine dans le jeu de paume, né en France au XIIe siècle. Il s'agissait de se renvoyer une balle en la frappant directement avec la main. La raquette fait son apparition au XVIIIe siècle seulement, en Angleterre, où le tennis moderne est inventé 7 siècles après le jeu de paume. On y joue alors principalement sur l'herbe. Le tennis a une longue histoire olympique, étant présent dès les Jeux de 1896 pour les hommes et de 1900 pour les femmes. Il connaît toutefois à partir de 1924 plusieurs années d'absence, avant d'être définitivement de retour aux Jeux en 1988. Les joueurs professionnels peuvent concourir.

LES RÈGLES

Les joueurs frappent la balle avec une raquette pour la renvoyer, par-dessus un filet, dans le camp adverse. Les matchs se jouent en manches appelées « sets », qui se composent de jeux. Le 1er joueur à gagner 6 jeux avec au moins 2 jeux d'écart sur son adversaire remporte le set. Si les joueurs sont à égalité avec 6 jeux chacun, ils disputent un jeu décisif appelé « tie-break », où le 1er qui marque 7 points avec 2 points d'écart l'emporte. Aux Jeux, le match se joue en 2 sets gagnants chez les femmes. Chez les hommes, les rencontres sont elles aussi disputées en 2 sets gagnants jusqu'à la finale, qui se joue en 3 sets gagnants.

BALLE

La balle est généralement jaune. Son diamètre est compris entre 6,54 et 7,3 cm, et son poids entre 56 et 59,49 g. C'est bien plus lourd que sa petite sœur du tennis de table qui pèse 2,7 g !

RAQUETTE

En moyenne, une raquette pèse entre 270 et 360 g pour les professionnels. Le poids d'une raquette influe sur la sensation, la maniabilité et la puissance. Le tamis ne peut excéder 39,37 cm en longueur et 29,21 cm en largeur.

ÉPREUVES

• SIMPLE ♂♀ • DOUBLE ♂♀ ET MIXTE •

ENTRE SŒURS

Les sœurs Williams, Venus et Serena, entraînées par leur père, sont aujourd'hui de véritables stars du tennis. Non contentes de gagner en simple (médaille d'or en 2000 pour Venus et en 2012 pour Serena), elles dominent en double, remportant l'or en 2000, 2008 et 2012. Elles détiennent le record de médailles d'or olympiques en tennis. Il ne leur manque que le titre en 2004, simplement car elles n'étaient pas présentes aux Jeux. Leurs adversaires leur disent merci !

ENTRE FRÈRES

Le Britannique Reginald Doherty a un palmarès olympique unique en tennis masculin. Il décroche 3 médailles d'or (double et double mixte en 1900, et double en 1908) et 1 médaille de bronze (en 1900). Pas mal pour un joueur qui a fait du tennis simplement sur les recommandations du médecin car il avait des problèmes de santé. Il se distingue particulièrement en 1900 aux Jeux de Paris, certes pour sa victoire en double avec son frère Laurie, mais aussi pour son refus d'affronter ce dernier en demi-finale, lui laissant la voie libre pour gagner le titre en simple… ce qu'il va faire. Reginald, lui, se contentera de la médaille de bronze. Joli geste.

16 ans et 132 jours : l'Américaine Jennifer Capriati est la plus jeune championne olympique de l'histoire du tennis (Barcelone, 1992)

LES PIONNIERS

La Britannique Charlotte Cooper devient la 1re championne olympique en simple, en 1900. Elle décroche une 2nde médaille d'or quelques jours après, en mixte. Chez les hommes, le 1er champion en 1896 est le Britannique John Pius Boland. Il l'emporte aussi en double messieurs. Une belle performance quand on sait que Boland n'est venu en Grèce que pour rendre visite à un ami, qui n'est autre que… l'organisateur de l'épreuve olympique de tennis.

FRENCH TOUCH

Marguerite Broquedis en 1912 et Suzanne Lenglen en 1920 sont les 2 seules médaillées d'or olympiques françaises en simple. Chez les hommes, seul Max Décugis est titré en 1906, lors de l'édition spéciale des Jeux. Cette même année, il obtient encore le titre en double avec Maurice Germot, puis en mixte avec sa femme Marie Décugis.

TITANIC

En 1912, l'Américain Dick Williams monte à bord du Titanic. Il survit au naufrage et refuse l'amputation de ses jambes malgré plusieurs heures passées dans l'eau glacée. Grâce à sa détermination, sa carrière ne prend pas l'eau, comme le confirme son palmarès. En 1913, Dick gagne la 1re de ses 6 Coupes Davis. En 1914 et 1916, il remporte l'US Open avant de devenir le n° 1 américain. Excellent joueur de double, Dick Williams est champion olympique en mixte (avec Hazel Wightman) lors des Jeux de 1924.

LA LÉGENDE

L'Allemande Steffi Graf est une véritable légende du tennis. Détentrice du record du nombre de semaines en tête du classement mondial (378), elle remporte 22 tournois du grand chelem, 5 Masters et 2 médailles en simple (1 en or, 1 en argent) lors des Jeux olympiques de 1988 et 1992. Elle décroche aussi 1 médaille de bronze en double en 1988. Elle a globalement tout gagné. En remportant l'or en 1988, elle est la 1re joueuse au « grand chelem d'or » (les 4 tournois du grand chelem + le titre olympique la même année), ce qu'aucun joueur de tennis n'a accompli depuis. Elle est mariée à un autre grand champion également titré aux Jeux en 1996, l'Américain Andre Agassi.

LE SET LE PLUS LONG

Pour une place en finale des Jeux de Londres en 2012, le Suisse Roger Federer et l'Argentin Juan Martin Del Potro ont tout donné. Les 2 joueurs se séparent en effet au terme d'un match de 4 h 26 min en jouant un 3e set historique, qui se conclut par la victoire de Federer sur un score fleuve de 19 jeux à 17. Un record ! Federer, certainement épuisé par ce match, perdra la finale quelques jours plus tard contre le Britannique Andy Murray.

MATCHS MARATHONS

Le match le plus long de l'histoire des Jeux est à attribuer à Gordon Lowe et Ávgoustos Zerléndis, au 2e tour, en 1920. Lowe l'emporte en 76 jeux : 14-12, 8-10, 5-7, 6-4, 6-4 ! La finale la plus longue est disputée en 1992 par Marc Rosset et Jordi Arrese. Rosset s'impose en 56 jeux : 7-6, 6-4, 3-6, 4-6, 8-6. En double, le record appartient à Simon Aspelin/Thomas Johansson et Arnaud Clément/Michaël Llodra, qui s'affrontent pendant 4 h 46 min en demi-finale des Jeux de 2008.

RECORD À PRENDRE

Aucun joueur de tennis n'est parvenu à ce jour à conserver son titre. Une 1re en 2016 pour Andy Murray ou Serena Williams ?

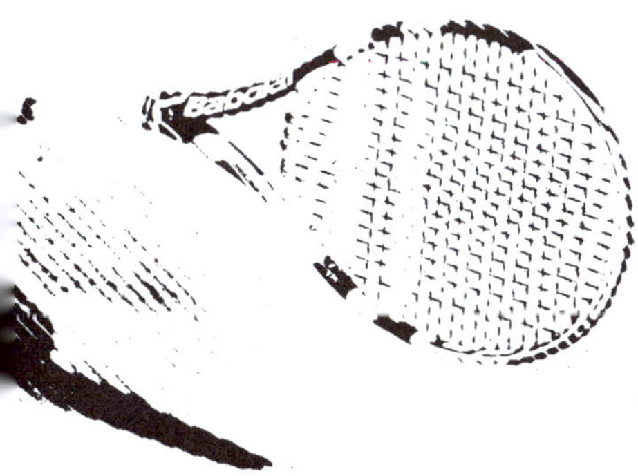

TENNIS DE TABLE

Né en 1880 en Angleterre, ce n'est qu'en 1988 que le tennis de table, également appelé ping-pong, fait son apparition aux Jeux olympiques. Mais dès 1960, il est pratiqué dans les épreuves paralympiques. Le match est gagné quand un des 2 joueurs atteint 11 points ou, en cas d'égalité à 10 partout, par le 1er à marquer 2 points d'écart. Les joueurs servent chacun leur tour, tous les 2 points. Le tennis de table aux Jeux comprend une épreuve par équipe et une épreuve individuelle.

EN QUELQUES CHIFFRES

Le ping-pong se joue sur une table rectangulaire, plane et horizontale. Elle mesure 2,74 m de long sur 1,525 m de large et le côté supérieur est situé à 76 cm au-dessus du sol. Elle est séparée en 2 par un filet de 15,25 cm de haut. La balle pèse 2,7 g et a un diamètre de 40 mm. Attention, les règles sont très strictes, la balle doit être lâchée à 30 cm au-dessus de la table et doit rebondir d'au moins 23 cm. Ça ne plaisante pas !

PING-PONG

Pourquoi diable dit-on ping-pong et non tennis de table ? Il s'agit du nom qu'un équipementier sportif a adopté d'après une simple onomatopée, car la petite balle blanche, quand elle rebondit sur la table, ferait un bruit comme « ping, pong, ping, pong… ».

CHAMPAGNE

À ses débuts, le tennis de table était un jeu pratiqué par les nobles, après dîner, pour digérer. Le filet était composé de livres posés sur une table, les raquettes étaient de simples couvercles et la petite balle… un bouchon de champagne !

LE TOURNIS POUR RIEN

Les joueurs les plus habitués peuvent faire tourner la petite balle blanche dans leur main comme une toupie 9 000 fois par minute. D'accord, ça ne sert à rien, mais c'est quand même sacrément impressionnant.

300 MILLIONS

Le tennis de table est le sport le plus pratiqué au monde avec plus de 40 millions de joueurs licenciés d'un club. Si l'on ajoute les amateurs sans club, il y aurait au total plus de 300 millions de joueurs au monde.

LES CHINOIS ET MOI ET MOI ET MOI

Voilà ce que le Suédois Jan-Ove Waldner peut chanter après son titre olympique en 1992, remporté face au Français Jean-Philippe Gatien. Il est en effet le seul joueur non asiatique à avoir gagné une médaille d'or dans cette discipline. À noter qu'en 2008 la Chine occupe les 3 premières places en simple, chez les hommes comme chez les femmes.

C'EST COMPLÈTEMENT DENG

Aux Jeux de 1992 à Barcelone, Yaping Deng, joueuse exceptionnelle, élue athlète chinoise du XXe siècle, et sa partenaire Qiao Hong remportent le titre olympique du double. Quelques jours plus tard, nous retrouvons les 2 joueuses, mais l'une contre l'autre pour le titre en individuel. Deng l'emporte au terme d'un match superbe. Elle met fin à sa carrière en 1997 à seulement 24 ans, avec 4 médailles d'or olympiques en poche.

4

C'est le plus grand nombre de titres olympiques obtenus par un même joueur. La performance a été réalisée par plusieurs pongistes chinois : Nan Wang (2 en 2000, 1 en 2004 et 1 en 2008), Yaping Deng (2 en 1992 et 2 en 1996), Yining Zhang (2 en 2004 et 2 en 2008).

47

C'est le nombre de médailles, dont 24 en or, remportées par la Chine au tennis de table, sur les 88 distribuées à ce jour. Un record et surtout une domination incontestée.

CHINE ENCORE

Les Chinoises ne sont pas partageuses. Depuis l'intégration du ping-pong féminin aux Jeux, elles ont raflé tous les titres possibles en simple. Une prouesse inégalée, toutes disciplines confondues. Le tennis de table féminin chinois n'a perdu qu'un seul titre, le double en 1988. Ça relève de l'exploit. Chez les hommes, seuls le Coréen Yoo Nam Kyu en 1988 et le Suédois Jan-Ove Waldner en 1992 ont perturbé la suprématie chinoise en remportant un titre.

EXCÈS DE VITESSE

Le record de vitesse d'une balle de tennis de table est attribué au Néo-Zélandais Lark Brandt en 2003. La petite balle blanche a été flashée à 112,5 km/h. Autant ne pas la prendre sur la figure, ça pourrait faire très très mal.

TIR

Le tir sportif trouve ses origines au Moyen Âge, quand le roi Charles V veut constituer une armée de métier pour éradiquer les bandes de soudards qui écument le pays, suite à la guerre de Cent Ans. À l'époque, c'est plutôt le tir à l'arbalète qui est préconisé. Il s'organise comme un sport véritable à la fin du XIXe siècle. Il figure au programme des JO dès 1896, grâce à Pierre de Coubertin, lui-même 7 fois champion de France au pistolet. Absent en 1904 et en 1928, il s'ouvre aux femmes en 1984. Le tir connaît de multiples modifications au cours de son histoire. Aujourd'hui, il compte 15 épreuves, 9 masculines et 6 féminines, organisées autour de 2 compétitions principales : le tir sur cible, en intérieur, au pistolet ou à la carabine, et le tir sur plateaux en argile (ou ball-trap), en extérieur, au fusil.

CIBLE OU PLATEAU ?

La distance des cibles varie de 10 à 50 m selon les épreuves. À 50 m, le tireur peut prendre différentes positions : debout, agenouillé ou bien couché. Le tir rapide à 25 m est spectaculaire : il faut toucher 5 cibles différentes en moins de 6 s. Alors que les cibles sont immobiles, les plateaux sont lancés. 3 épreuves au programme : le skeet (2 plateaux lancés de 2 cabanes différentes), le trap (plateaux lancés 1 par 1) et le double trap (2 plateaux lancés de manière simultanée).

ÉPREUVES DES 1ers JO

Certaines épreuves auraient du mal à passer aujourd'hui, ainsi le tir au cerf courant. Les animaux étaient bien réels et les fines gâchettes s'en donnaient à cœur joie. En 1900, au ball-trap, on n'utilisait pas des plateaux d'argile, mais bien de véritables pigeons. Cette année-là, ce sont plus de 300 oiseaux qui ont été tués.

ÉPREUVES

TIR SUR CIBLE
PISTOLET À AIR COMPRIMÉ À 10 M ♂♀
PISTOLET À 25 M ♀
PISTOLET TIR RAPIDE À 25 M ♂
PISTOLET À 50 M ♂
CARABINE À AIR COMPRIMÉ À 10 M ♂♀
CARABINE COUCHÉ À 50 M ♂
CARABINE 3 POSITIONS À 50 M ♂♀

TIR SUR PLATEAUX
SKEET ♂♀, TRAP ♂♀, DOUBLE TRAP ♂

LE PLUS ÂGÉ

C'est sans conteste le Suédois Oscar Swahn. En 1908, ce sont ses 1ers Jeux. Il a déjà 60 ans et il obtient 3 médailles : 2 en or et 1 en bronze aux épreuves de tir au cerf courant. En 1912, il ajoute 2 médailles à son palmarès : 1 en or et 1 en bronze. En 1920, à 72 ans et 279 jours, il remporte l'argent au tir au cerf courant coup double par équipe.

EN FAMILLE

Pour ses 3 JO, il est accompagné de son fils Alfred, qui va cumuler 9 médailles, 3 de chaque couleur. Sacrée famille de tireurs !

IL FALLAIT AVOIR UNE BONNE VUE !

En 1908, l'Irlandais Joshua Millner devient champion dans une épreuve particulière. La cible est à 1 000 yards (914 m). Pour mieux assurer sa visée, il se tient sur le dos, genoux relevés et fusil supporté par les pieds.

SAVOIR VISER EN TOUTES CIRCONSTANCES

Aux JO d'Anvers, en 1920, Willis Lee participe à 14 épreuves et empoche 7 médailles, dont 5 en or. Ce futur vice-amiral de l'US Navy sait viser, il le prouvera, aux commandes de la flotte américaine à Guadalcanal en 1942, face aux Japonais.

PAS DE CHANCE...

Antonius Lemberkovits est un tireur à la carabine hongrois. En 1932, il réalise le tir parfait, toutes ses balles pile au centre de la cible. Il se voit déjà champion. Malheureusement, c'est la cible du voisin qu'il a touchée.

UN VRAI AMBIDEXTRE

Karoly Takacs est un militaire hongrois, excellent tireur. Il perd son bras droit à cause d'une grenade. Il ne se décourage pas et s'entraîne à tirer de l'autre main. En 1948, à Londres, au tir à 25 m, il remporte l'or en tirant de la main gauche. Il renouvelle son exploit aux JO d'Helsinki en 1952 et gagne une 2nde médaille d'or.

QUAND LA POLITIQUE S'EN MÊLE

Ho-Jun Li, tireur nord-coréen, remporte l'or à la carabine couché à 50 m, à Munich en 1972. Un journaliste l'interroge sur sa réussite. En guise de réponse, il lui confie son secret : il s'imagine tirer sur un « capitaliste ».

LE MENTAL, IL N'Y A QUE CELA DE VRAI

Le Hongrois Karoly Varga participe aux Jeux de Moscou, en 1980. Sa spécialité : le tir à la carabine couché à 50 m. Au cours de la compétition, il se blesse à la main droite, celle qui tire. Surmontant sa douleur, il réussit à terminer et devient champion olympique.

L'UNIQUE DOUBLÉ FÉMININ

Marina Logvinenko-Dobrancheva est une spécialiste russe du pistolet. Elle est la seule femme à avoir remporté 2 médailles d'or durant les mêmes JO. En 1992, à Barcelone, elle est sacrée championne du pistolet à air comprimé à 10 m et du pistolet à 25 m. 5 médailles en tout si l'on ajoute celle en bronze obtenue en 1988, à Séoul, et celles en argent et en bronze glanées en 1996, à Atlanta.

MACHO ?

La Chinoise Zhang Shan, en 1992, à Barcelone, remporte la médaille d'or du skeet devant les 7 autres finalistes masculins qui vont la porter en triomphe. Ce sera la seule fois, l'épreuve du skeet jusqu'alors mixte devenant exclusivement masculine après les Jeux catalans. La championne olympique ne peut donc pas défendre son titre en 1996. En 2000, les officiels inaugureront une compétition féminine.

LE MALCHANCEUX DES JO

Le Français Michel Carrega a beau être champion de France à 21 reprises et quadruple champion du monde au tir sur plateaux, impossible de décrocher un titre olympique en 4 participations. Il empoche quand même la médaille d'argent en 1972, à Munich.

UN FRANÇAIS À LA CARABINE, UN AUTRE AU PISTOLET

Jean-Pierre Amat a gagné tout ce qui était possible à la carabine, multipliant les titres. Il est sacré champion olympique en 1996, à Atlanta, glanant également 1 médaille de bronze au cours de ces JO. Franck Dumoulin, lui, devient champion olympique du tir au pistolet à air comprimé à 10 m aux Jeux de Sydney, en 2000.

LE PARFAIT !

L'Australien Michael Diamond est double médaillé d'or du trap en 1996, à Atlanta, et en 2000, à Sydney. En 2012, à Londres, il réalise lors des qualifications le score parfait de 125 plateaux touchés sur les 125 lancés, mais il ne parvient pas à faire aussi bien en phases finales et finit 4e.

1re nation : les États-Unis avec 108 médailles

(France : 8e nation avec 31 médailles)

Les plus médaillés :

- l'Américain Carl Townsend Osburn
  11 médailles entre 1912 et 1924 au tir sur cible
- l'Américaine Kimberly Rhode
  5 médailles en 5 olympiades consécutives, de 1996 à 2012, au tir sur plateaux

TIR À L'ARC

Le tir à l'arc apparaît aux JO de 1900. Il ne figure plus au programme de 1924 à 1968. Ce sport est réintroduit en 1972, aux JO de Munich. Il existe 4 épreuves : le tir individuel masculin et féminin, et le tir par équipe. Chaque pays ayant au moins 3 archers engagés dans les concours individuels sont admis à participer aux phases finales par équipe.

LE PAS DE TIR

Le pas de tir est à 70 m. Il faut avoir une bonne vue et de la puissance pour atteindre la cible, qui ne mesure que 1,22 m de diamètre. Les archers bénéficient d'améliorations techniques certaines depuis Guillaume Tell. Une des premières fut l'introduction du Kevlar pour alléger l'équipement.

VITESSE

La vitesse moyenne d'une flèche est de 240 km/h.

BIEN LOTIE

On peut dire que Charlotte « Lottie » Dod aime le sport. Elle commence par le tennis et remporte Wimbledon à 5 reprises entre 1887 et 1893. Elle s'essaye ensuite au hockey, puis au golf, et enfin au tir à l'arc où elle obtient la médaille d'argent aux Jeux de Londres en 1908.

LA GUERRE COMME TERRAIN D'ENTRAÎNEMENT

L'Américain Robert Williams remporte 2 médailles d'argent en individuel et le titre par équipe aux JO de Saint-Louis, en 1904. C'est probablement le seul champion olympique vétéran de la guerre de Sécession !

LE PLUS VIEUX

Samuel Duvall a 68 ans quand il gagne l'argent en 1904. Son équipe vient du club de Cincinatti, dans le sud de l'État de l'Ohio.

LA PLUS ÂGÉE

L'Américaine Eliza Pollock a 63 ans et 333 jours quand elle remporte la médaille d'or aux JO de 1904.

LA 1re MÉDAILLÉE OLYMPIQUE

Il s'agit de Lida Scott Howell qui remporte 3 médailles d'or lors des JO de Saint-Louis, en 1904. Son père, Thomas Scott, participe lui aussi à la compétition mais ne réussit pas à atteindre les phases finales.

CHAMPAGNE !

Hubert Van Innis est un archer belge de tout premier plan au niveau olympique. Il obtient 9 médailles, 6 en or et 3 en argent, en 1900 et 1920. Une statue est élevée en sa mémoire dans le village d'Elewijt, dans la région d'Anvers. Notre héros national y possédait un café-restaurant. Pour fêter chacune de ses victoires, il nettoyait entièrement son bistrot au champagne !

UN GRAND CHAMPION

Darrell Pace est un archer américain, probablement le plus doué dans les années 1980. Il a une technique très particulière de tir que nombre de compétiteurs vont imiter, en particulier l'équipe coréenne. C'est lui qui utilise le Kevlar en compétition pour la 1re fois. Champion des États-Unis à l'âge de 15 ans, il remporte le titre olympique à 19 ans, en 1976 à Montréal. Privé de Jeux en 1980 à cause du boycott des États-Unis, il double la mise en 1984, à Los Angeles. En 1988, il obtient la médaille d'argent par équipe.

LA RÈGLE D'OR

Énoncée par Pace, elle se résume à « 90/90 ». Il faut s'entraîner à une distance de 90 m 90 % du temps. Après cela, toutes les distances sont faciles et on peut battre n'importe qui. Simple, non ?

L'OR FRANÇAIS

Le Français Sébastien Flute obtient le titre olympique en 1992, à Barcelone. Après cet exploit, il n'arrivera plus à remonter sur le podium olympique.

LA PLUS GRANDE ARCHÈRE

Soo-Nyung Kim est originaire de Corée du Sud et considérée comme la plus grande archère de tous les temps. Elle obtient, en participant à 3 Jeux entre 1988 et 2000, 6 médailles : 4 en or, 1 en argent et 1 en bronze.

EN PLEIN DANS LE MILLE

Les différentes couleurs d'une cible servent au décompte des points. Les zones rouge et jaune, les plus proches du centre de la cible, sont les plus prisées des tireurs car elles rapportent entre 7 et 10 points.
En 1996, à Atlanta, les 72 flèches décochées par l'Italien Michele Frangilli ont donné le score de 684 (moyenne : 9,5) quand celles de l'Ukrainienne Lina Herasymenko ont rapporté 673 points (moyenne : 9,35)

Les pays les plus médaillés :

1 Corée du Sud (34 médailles)

2 États-Unis (32 médailles)

3 France (23 médailles)

EN SELLE

CYCLISME

Le vélo est très populaire dès son invention au milieu du XVIIIe siècle. D'abord utilisé comme simple moyen de transport, il devient rapidement un sport. Il est inscrit au programme des Jeux olympiques dès 1896 pour les hommes et seulement en 1984 pour les femmes. En 2016, les disciplines seront la course sur route, la course sur piste, le BMX et le VTT.

COCORICO

La France détient le record du nombre de médailles remportées pendant les Jeux depuis 1896, avec 41 titres, 27 médailles d'argent et 22 de bronze, soit 90 breloques au total.

LE CYCLISME SUR ROUTE

Cette discipline est l'une des plus anciennes des Jeux, tous sports confondus. Elle est présente pour la 1re fois en 1896 pour les hommes et 1984 pour les femmes. Malgré son succès, elle est absente de 1900 à 1912, date à laquelle elle revient, encore plus populaire. Désormais, l'épreuve sur route en individuel a lieu à chaque édition olympique. En plus de la course, 2 épreuves vont se développer sur route : le contre-la-montre par équipe, qui voit le jour en 1912, et, en 1996, le contre-la-montre en individuel.

EN QUELQUES MOTS

En vélo, la règle est simple. Le vainqueur est celui qui arrive le 1er d'une course aujourd'hui d'environ 256 km pour les hommes et 130 km pour les femmes. L'épreuve du contre-la-montre est remportée par le coureur qui met le moins de temps pour parcourir un trajet d'environ 29,8 km pour les femmes et 59,6 km pour les hommes.

LÉGER COMME UNE PLUME OU PRESQUE

Les vélos utilisés sont très légers (8 kg environ pour le contre-la-montre et 6,8 kg pour la course en ligne). Ils sont fabriqués en carbone et ne doivent pas dépasser 185 cm en longueur et 50 cm en largeur. Les roues ont un diamètre identique à l'avant et à l'arrière, compris entre 55 et 70 cm. Les vélos actuels comptent jusqu'à 20 vitesses.

TOUT EN OR

Sur route comme sur piste, la Néerlandaise Leontien Zijlaard-Van Moorsel s'est constitué l'un des plus beaux palmarès dans le cyclisme olympique avec pas moins de 4 titres : 1 sur route et 1 en poursuite en 2000, et 2 en contre-la-montre en 2000 et 2004. Une performance exceptionnelle pour ce sport.

La France sur route : **18 médailles**
(**8** en or, **4** en argent, **6** en bronze)
Seule **l'Italie** fait mieux : **18 médailles**
(**9** en or, **7** en argent, **2** en bronze)

1res DAMES

L'Américaine Connie Carpenter est la 1re championne olympique de l'histoire du cyclisme, en 1984 dans l'épreuve sur route. La Russe Zulfiya Zabirova est la 1re femme à remporter l'épreuve de contre-la-montre en 1996.

LE TRAIN SIFFLERA 3 FOIS

En 1920, lors de l'épreuve du contre-la-montre, le Sud-Africain Henry Kaltenbrun est en passe de devenir le nouveau champion olympique. C'est compter sans l'arrivée d'un train qui bloque les coureurs à un passage à niveau. Les commissaires de course décident alors de déduire le temps passé à attendre, ce qui modifie le classement final. Kaltenbrun, qui n'est pas resté bloqué, est d'abord déclaré vainqueur, mais finit à la 2e place derrière le Suédois Stengvist dont le chrono est réajusté. Pas tout à fait juste quand on sait que pendant que les coureurs attendaient que le train passe, ils en profitaient pour se reposer.

LE JOUR LE PLUS LONG

Le parcours olympique le plus long d'une épreuve sur route est de 320 km ! Il a été tracé pour les Jeux de Stockholm en 1912. Il a fallu environ 10 h au vainqueur pour arriver au bout.

LE PLUS ÂGÉ

En prenant le départ de la course sur route en 2008 à l'âge de 49 ans et 287 jours, la Française Jeannie Longo est le coureur cycliste, hommes et femmes confondus, le plus âgé à participer à une course olympique.

LE CYCLISME SUR PISTE

Le cyclisme sur piste est présent dès les Jeux de 1896 pour les hommes et 1988 pour les femmes. Les coureurs évoluent sur des pistes en bois dans des gymnases avec des vélos conçus pour atteindre la plus grande vitesse possible. Le programme olympique de cette discipline compte 5 épreuves pour les hommes et 5 pour les femmes.

OMNIUM

Les cyclistes disputent 6 courses : LE TOUR LANCÉ (contre-la-montre avec départ lancé : les coureurs ne sont pas à l'arrêt quand ils partent), LA COURSE AUX POINTS (40 km pour les hommes et 25 km pour les femmes ; le classement est établi en cumulant les points obtenus pendant les sprints intermédiaires et par tour gagné), LA COURSE À L'ÉLIMINATION (le dernier coureur de chaque sprint intermédiaire est éliminé, c'est un peu les chaises musicales), LA POURSUITE INDIVIDUELLE (2 coureurs s'élancent à 2 points opposés du vélodrome ; celui qui rattrape l'autre ou qui enregistre le meilleur temps sur 4 km pour les hommes et 3 km pour les femmes gagne), LE SCRATCH (course en ligne sur 15 km pour les hommes et 10 km pour les femmes, où la victoire se joue au sprint final) et LE CONTRE-LA-MONTRE (1 km pour les hommes et 500 m pour les femmes, ça va très vite). Celui qui cumule le plus de points au terme de ces 6 courses est déclaré vainqueur.

KEIRIN, LA COURSE DE LA MOBYLETTE

Le keirin est une course de vitesse où les concurrents avancent en file indienne sur 2 km derrière une mobylette qui s'écarte quand sonne la cloche à environ 600 m de l'arrivée, les laissant se départager en sprintant sur le dernier tour. La mobylette, également appelée « derny » ou « burdin », augmente petit à petit son allure jusqu'à 50 km/h pour les hommes et 45 km/h pour les femmes. Cette course très spectaculaire donne souvent lieu à des contacts entre les participants et à de nombreuses chutes.

ÉPREUVES

• KEIRIN • OMNIUM • POURSUITE PAR ÉQUIPE (♂ : 4 000 M, ♀ : 3 000 M) • VITESSE INDIVIDUELLE • VITESSE PAR ÉQUIPE •

Piste ♂

Vitesse individuelle

RO : **9 s 713**
par le Britannique Jason Kenny (Londres, 2012)

RM : **9 s 347**
par le Français François Pervis (2013)

Poursuite individuelle

RO : **4 min 15 s 031**
par le Britannique Bradley Wiggins (Pékin, 2008)

RM : **4 min 10 s 534**
par l'Australien Jack Bobridge (2011)

Kilomètre contre-la-montre

RO : **1 min 0 s 711**
par le Britannique Chris Hoy (Athènes, 2004)

RM : **56 s 303**
par le Français François Pervis (2013)

Poursuite par équipe

RO & RM : **3 min 51 s 659**
par le Royaume-Uni (Londres, 2012)

Vitesse par équipe

RO : **42 s 600**
par le Royaume-Uni (Londres, 2012)

RM : **41 s 871**
par l'Allemagne (2013)

Piste ♀

Vitesse individuelle

RO : **10 s 724**
par la Britannique Victoria Pendleton (Londres, 2012)

RM : **10 s 384**
par l'Allemande Kristina Vogel (2013)

Poursuite individuelle

RO : **3 min 24 s 537**
par la Néo-Zélandaise Sarah Ulmer (Athènes, 2004)

RM : **3 min 22 s 269**
par l'Américaine Sarah Hammer (2010)

---

500 m contre-la-montre

RO : **33 s 952**
par l'Australienne Anna Meares (Athènes, 2004)

RM : **32 s 794**
par la Russe Anastasiia Voinova (2015)

Poursuite par équipe	Vitesse par équipe	
RO & RM : **3 min 14 s 051** par le Royaume-Uni (Londres, 2012)	RO : **32 s 422** par la Chine (Londres, 2012)	RM : **32 s 034** par la Chine (2015)

VITESSE PAR ÉQUIPE

L'épreuve se dispute chez les hommes par équipe de 3 coureurs, sur 3 tours de piste, et chez les femmes par équipe de 2 coureuses, sur 2 tours. Chaque coureur doit effectuer 1 tour en tête de l'équipe avant de s'écarter. Le dernier partenaire reste donc seul en piste pour terminer. En cas d'égalité, l'équipe ayant effectué le dernier tour le plus rapide l'emporte.

POURSUITE PAR ÉQUIPE

C'est le jeu de « attrape-moi si tu peux ». 2 équipes de 4 coureurs s'élancent à 2 points opposés du vélodrome. L'équipe victorieuse est celle qui enregistre le meilleur temps ou qui parvient à rattraper l'autre.

SANS FREINS !

L'objectif de la course sur piste est simple... aller le plus vite possible. Pour cela, une seule recette, supprimer tout ce qui pourrait ralentir le vélo, à commencer par les freins, inexistants sur ces engins. Les vélos ne possèdent pas non plus de dérailleur. Attention, la chute peut faire très mal !

MÉDAILLES FRANÇAISES

La France excelle dans cette discipline où elle a déjà décroché 64 médailles dont 28 en or, 21 en argent et 15 en bronze.

LES DERNIERS SERONT LES PREMIERS

En épreuve de vitesse individuelle, la tactique de course est très importante car celui qui est en tête au départ du sprint est souvent... le perdant à la fin de la course. L'ordre de départ est tiré au sort. Pour éviter la 1re place au moment du sprint final, il est admis que les 2 coureurs effectuent du « surplace » dans une zone délimitée pour obliger l'autre à passer devant. C'est assez rigolo de regarder ces courses où, au lieu de pédaler le plus vite possible pour gagner, les coureurs restent sur place en équilibre pendant de longues secondes.

LE VÉLO SAUVE LA REINE

Si la France domine au tableau des médailles, c'est bien la Grande-Bretagne qui a écrasé les épreuves sur piste lors des derniers Jeux à Londres, en remportant 7 titres sur les 10 attribués.

FÉLICIA

Invincible sur la piste entre 1995 et 2000, la Française Félicia Ballanger a dominé la vitesse individuelle et le 500 m dans les championnats du monde comme aux Jeux olympiques. Elle était prédestinée à un tel destin de championne. En effet, ses parents l'ont prénommée Félicia en hommage au grand champion italien des années 1960 Felice Gimondi. Elle remporte 3 médailles d'or olympiques (en vitesse à Atlanta, en 1996, en vitesse et au 500 m contre-la-montre à Sydney, en 2000). Elle décroche aussi 10 couronnes mondiales et améliore 7 fois le record du monde du 500 m.

UN STADE DE FOOT ?

Les Français, et surtout les fans de football, connaissent le Vélodrome, nom donné au stade de l'Olympique de Marseille, mais un vélodrome est le nom générique de la piste sur laquelle s'affrontent les cyclistes.

REMPLAÇANTS

Les épreuves sur piste de 1896 sont dominées très largement par la France. Flameng et Masson remportent 6 médailles dont 4 en or à eux 2 (100 km piste, tour de piste, vitesse, 10 000 m). L'exploit est d'autant plus remarquable que les 2 cyclistes français n'étaient que... remplaçants !

CHAMPION

Le coureur britannique Bradley Wiggins a remporté 6 médailles olympiques sur piste : 3 d'or (poursuite individuelle en 2004, poursuite individuelle et par équipe en 2008), 1 d'argent (poursuite par équipe en 2004), 2 de bronze (poursuite par équipe en 2000 et course de l'américaine en 2004). En 2012, devant son public à Londres, il décroche l'or du contre-la-montre sur route. Il détient aussi, depuis 2015, le record de l'heure (54,526 km). L'épreuve consiste à parcourir généralement sur piste le plus grand nombre de kilomètres en 1 h. Il est l'un des prétendants à l'or sur piste en 2016, pour un record de médailles en prime ?

LE PLUS JEUNE

Le Turc Tacettin Ozturkmen est le plus jeune cycliste à avoir participé aux Jeux en prenant le départ de la course de poursuite en 1928 à l'âge de 14 ans et 276 jours.

DES LARMES... DE JOIE

C'est en larmes que sir Chris Hoy reçoit sa 6e médaille d'or aux Jeux de 2012 à Londres, devenant ainsi l'olympien britannique le plus décoré de tous les temps. Grâce à celle en argent décrochée aux Jeux de Sydney en 2000 dans l'épreuve de vitesse, l'Écossais termine donc sa carrière olympique avec un total de 7 médailles. Il est le coureur cycliste le plus titré aux Jeux, toutes disciplines confondues.

DANIEL MORELON

Il est le pistard français le plus titré des Jeux avec 3 titres olympiques décrochés en vitesse en 1968 et 1972, dont 1 en tandem (épreuve aujourd'hui supprimée). Il obtient en tout 5 médailles olympiques en 4 participations. Il remporte également 8 titres de champion du monde.

LA REINE DE LA PISTE

Considérée comme l'une des plus belles athlètes des Jeux de Londres, la Britannique Victoria Pendleton est aussi et surtout l'une des meilleures cyclistes de la planète. Championne olympique en 2008 de vitesse individuelle, 9 fois championne du monde, elle est la 1re femme de l'histoire des JO à remporter l'épreuve de keirin en 2012.

LE BMX

Le BMX (abréviation de bicycle motocross), qui fait ses débuts olympiques en 2008 à Pékin, est la discipline la plus récente des Jeux. Il nous vient de Californie, où il apparaît dans les années 1960. Il s'agit d'un sport très spectaculaire, au rythme effréné avec des courses de moins de 40 s, pleines de bosses sur lesquelles les vélos sautent et glissent, sans freins ni dérailleur. La seule épreuve de BMX aux Jeux est le supercross.

PARCOURS OLYMPIQUE

Constituée de terre battue et recouverte d'une fine couche de bitume dans les virages, la piste de Rio en 2016 a une surface totale de 4 000 m^2. Les hommes s'affronteront sur un tracé de 400 m alors que les femmes se disputeront la victoire sur 350 m. 8 coureurs démarrent depuis une butte de 8 m de haut environ et pédalent en évitant si possible les nombreux risques de collision à chaque virage. Les bosses sont espacées de 10 m afin de permettre aux plus courageux de sauter encore plus haut en allant toujours plus vite ! La fin du parcours est composée d'une petite section « rythmique » comprenant une série de sauts et d'obstacles qui s'enchaînent très vite.

CHAMPIONNE

En remportant la finale en 2008, la Française Anne-Caroline Chausson devient la 1re médaillée d'or de la discipline, devant sa compatriote Laëtitia Le Corguillé.

BÉBÉ

Les coureurs de BMX peuvent concourir pour la place de n° 1 mondial dès l'âge de... 5 ans !

UNIQUE

Depuis ses débuts aux Jeux en 2008, le BMX n'a connu qu'un seul champion olympique : le Letton Maris Strombergs. Il est aussi le seul double médaillé d'or de son pays.

COLOMBIENNE

En 2012, Mariana Pajon apporte sa 2nde médaille d'or olympique à la Colombie, tous sports confondus. L'histoire est d'autant plus belle que Mariana, alors multiple championne du monde de la discipline, se blesse quelques mois avant les Jeux, perdant toute chance de se qualifier. Mais le Comité international olympique offre à la Colombie la possibilité d'envoyer 3 athlètes malgré leur non-qualification (2 hommes et 1 femme). Mariana bénéficie de cette place et sera championne olympique quelques mois plus tard.

À EN AVOIR LE TOURNIS

Le BMX est très spectaculaire. Mais aux Jeux, seul le supercross est discipline olympique. Dommage, car le freestyle est lui aussi impressionnant grâce aux figures réalisées par les compétiteurs. Et dans cet exercice, le rider néo-zélandais Jed Mildon excelle tout particulièrement. Lancé sur une rampe à plus de 64 km/h avec son vélo, il a réussi un quadruple saut périlleux avant de retomber sur ses 2 roues pour continuer sa course. Une première mondiale.

LE VTT

Le VTT (vélo tout-terrain), qui vient d'Australie, est une discipline qui n'a été intégrée au programme olympique qu'en 1996 à Atlanta. Pour résister aux pièges du circuit, le vélo est plus lourd et résistant que celui des autres disciplines. Il pèse en moyenne 8 à 9 kg. Les coureurs s'affrontent dans une course à obstacles, à travers les arbres, les branches, les rochers et les rivières. Les hommes parcourent entre 40 et 50 km, et les femmes entre 30 et 40 km. Les distances exactes sont déterminées par les officiels la veille de la course, tenant compte des conditions météorologiques et du temps de course.

NOBLE CHAMPION

Le Néerlandais Bart Brentjens est anobli par le roi des Pays-Bas après avoir remporté la 1re médaille d'or olympique de VTT à Atlanta en 1996. Il remporte encore une médaille de bronze en 2004.

COCORICO

La France est le leader mondial des épreuves olympiques de VTT, remportant au moins 1 médaille à chaque édition depuis 1996 : le bronze en 1996 et l'or en 2000 (Miguel Martinez), 2004, 2008 (Julien Absalon) et 2012 (Julie Bresset).

ÇA MONTE ET ÇA DESCEND !

Un circuit de VTT ne doit pas comporter plus de 15 % de terrain plat, ce qui rend les parcours très difficiles avec 85 % de montées et de descentes !

LE ROI ABSALON

Double champion olympique, quadruple champion du monde, quintuple vainqueur de la Coupe du monde, Julien Absalon domine sa discipline dans les années 2000. Il a le plus beau palmarès du VTT mondial.

PAOLA PEZZO

L'Italienne est la plus titrée en VTT. Après avoir été la 1re championne olympique de la discipline en 1996 malgré une mauvaise chute, elle renouvelle la performance 4 ans plus tard dans une course à suspense : remontant toutes ses concurrentes, elle rattrape la double championne du monde en titre, l'Espagnole Margarita Fullana, en tête de la course dans l'avant-dernier tour. Dans une descente, elles se cognent. Alors que son adversaire tombe, Pezzo lâche les pédales mais réussit à rester en selle et coupe la 1re la ligne d'arrivée.

SABINE SPITZ

L'Allemande Sabine Spitz a obtenu le plus grand nombre de médailles olympiques avec l'or en 2008, l'argent en 2012 et le bronze en 2004. C'est également la seule à réaliser l'exploit de remporter une médaille 3 éditions de suite. Elle a 41 ans quand elle décroche sa dernière médaille olympique à Londres.

ÉQUITATION

- CONCOURS COMPLET, DRESSAGE, SAUT D'OBSTACLES -

Les courses équestres étaient déjà présentes aux Jeux antiques. L'équitation figure naturellement pour la 1re fois aux JO de 1900, avant de faire partie du programme permanent à partir de 1912. Les femmes commencent à participer aux épreuves à compter de 1952. Elles sont définitivement intégrées en 1964. Par ailleurs, c'est le seul sport olympique (avec le pentathlon moderne) où des animaux concourent. 3 disciplines composent le sport équestre olympique : le saut d'obstacles, le dressage et le concours complet.

LE SAUT D'OBSTACLES

C'est l'épreuve la plus spectaculaire et la plus populaire. D'origine irlandaise, elle dérive de la chasse au renard. Le cavalier et son cheval doivent franchir une quinzaine d'obstacles dans un temps imparti : barres triples, oxers, fossés et murs.

LE DRESSAGE

Le dressage est issu de la formation des chevaux pour la guerre. La 1re académie est fondée à Naples à la Renaissance. La France excelle dans cette discipline, mais depuis le XXe siècle, les Allemands surclassent leurs adversaires. 3 manches composent cette discipline : 2 sont des figures imposées, la 3e est une chorégraphie avec un accompagnement musical.

LE CONCOURS COMPLET

Le concours complet, avec ses 3 épreuves, est issu de la tradition militaire. Les chevaux devaient parcourir de longues distances (cross-country), franchir de nombreux obstacles naturels (saut d'obstacles) et être bien dressés (dressage).

UN EXEMPLE DE PARITÉ

L'équitation est le seul sport olympique qui ne fait pas de distinction de sexe. Il y a 2 autres sports seulement où un double mixte existe : le badminton et le tennis.

ÉPREUVES DISPARUES

Aux JO de 1900, il y avait une épreuve de saut en longueur pour les chevaux. Il existait également une épreuve de saut en hauteur, visiblement beaucoup plus compliquée. À Anvers, en 1920, est apparue la voltige, mais elle a disparu à peine les JO terminés. Ce devait être pourtant spectaculaire !

TRACÉ DIFFICILE

Aux Jeux de Berlin, en 1936, le concours complet est une hécatombe. Le parcours est extrêmement difficile et moins de la moitié des concurrents finissent la compétition. On est même obligé d'abattre 3 chevaux.

LE COURAGE ALLEMAND

L'Allemand Konrad von Wangenheim dispute le concours complet par équipe aux Jeux de Berlin en 1936. Il se brise la clavicule dans une chute au cours du cross, se remet en selle et termine au prix d'énormes souffrances. Le lendemain, il se présente au saut d'obstacles, malheureusement tombe encore, et finit l'épreuve avec un courage sidérant. Mais son équipe empoche la médaille d'or, remède de tous les maux.

DUR RÈGLEMENT

1948 : épreuve de dressage aux JO de Londres. La Suède remporte la compétition par équipe. Après vérification, un officiel voit qu'un de ses membres n'est pas officier mais d'un rang inférieur. Seuls les officiers peuvent concourir. La France devient médaille d'or, la Suède est disqualifiée. Après cette polémique, l'équitation n'est plus réservée aux militaires de rang et commence à s'ouvrir aux civils et aux femmes.

« ABSENT » EST BIEN PRÉSENT

Le cheval russe nommé Absent est le seul étalon à avoir obtenu 4 médailles, en dressage. En 1960, la médaille d'or pend à son cou à Rome. À Tokyo, en 1964, il gagne 2 médailles de bronze, 1 en individuel et 1 par équipe. Son cavalier est le Russe Sergueï Filatov. Pour finir en beauté, c'est l'argent qui lui est attribué dans l'épreuve par équipe à Mexico, en 1968, avec un nouveau cavalier, Ivan Kalita.

QUARANTAINE

Les épreuves équestres des Jeux de Melbourne en 1956 se déroulent en réalité à Stockholm, en Suède. Les chevaux ne peuvent en effet entrer en Australie, la loi de ce pays imposant une période de quarantaine de 6 mois.

LA 1re FEMME MÉDAILLÉE EN ÉQUITATION

La Danoise Lis Hartel est restée paralysée sous les genoux suite à une polio. Ce handicap ne l'empêche pas de gagner l'argent en dressage à 2 reprises, à Oslo en 1952 et à Stockholm en 1956.

LE FAUX FRANÇAIS

Henri Saint Cyr, au nom si français, concourt en réalité pour la Suède. Il remporte 4 médailles d'or de dressage (en individuel et par équipe) sur ses terres, aux JO de 1952, à Oslo, et en 1956, à Stockholm.

BRAVO LE CATALAN !

Pierre Jonquères d'Oriola est un cavalier français d'origine catalane, spécialisé dans le saut d'obstacles. Sa carrière est d'une longévité exceptionnelle. Il participe à 7 Jeux, entre 1948 et 1972, et obtient 2 titres individuels en 1952 et 1964, ainsi que 2 médailles d'argent par équipe.

SACRÉ INVESTISSEMENT

Le Néo-Zélandais Mark Todd est éleveur de vaches laitières. Il se voit dans l'obligation de vendre plusieurs de ses troupeaux pour financer son entraînement. Mais cela finit par payer. Sacré meilleur dresseur, meilleur crossman et meilleur sauteur d'obstacles, il remporte le concours complet en 1984 avec son cheval Charisma. Il double la mise en 1988, à Séoul. En 1992, il empoche l'argent. Il est aussi médaillé de bronze par équipe à 3 reprises.

LE DRESSAGE FÉMININ

JO de Séoul en 1988, fait unique, les 3 médailles du dressage sont remportées par des femmes : l'Allemande Nicole Uphoff, la Française Margit Otto Crépin et la Suissesse Christine Stückelberger.

DOPAGE ÉQUIN

Rodrigo Pessoa est un cavalier brésilien. Il obtient la médaille d'argent en 2004 au saut d'obstacles. Il récupère la 1re place suite au déclassement pour dopage du cheval de l'Irlandais Cian O'Connor. On ne sait toujours pas quel type de foin avait mangé la monture, mais l'analyse de sang révéla des traces de sédatif utilisé pour calmer les chevaux les plus fougueux. De plus, l'échantillon B disparut, les locaux de la Fédération irlandaise furent cambriolés. Toute cette histoire est un peu mystérieuse, mais la sanction fut appliquée.

LA 1re CHAMPIONNE OLYMPIQUE

L'Allemande Liselott Linsenhoff-Schindling est la 1re femme championne olympique de dressage en individuel, à Munich, en 1972, où elle empoche aussi l'argent par équipe. À Stockholm, en 1956, elle glane déjà 1 médaille d'argent et 1 de bronze. En 1968, à Mexico, elle remporte sa 1re médaille d'or, par équipe. Un très beau palmarès familial, car sa fille ajoutera 1 médaille d'or, par équipe, en 1988 à Séoul.

Les plus médaillés

l'Allemand Reiner Klimke :
8 médailles entre 1960 et 1988 en dressage

la Néerlandaise Anky Van Grunsven :
9 médailles entre 1992 et 2012 en dressage

Les pays les plus médaillés

1 Allemagne (60 médailles)
2 Suède (42 médailles)
3 France (39 médailles)

Le plus vieux :
l'Autrichien Arthur von Pongracz, 72 ans en 1936

La plus jeune :
la Brésilienne Luiza Almeida, 16 ans en 2008

TOUS ENSEMBLE

BASKET-BALL

Quand on habite un pays où il fait très froid l'hiver, il est difficile de jouer les grands sportifs, sauf à trouver une activité qui vous garde bien au chaud. C'est ainsi que, pour canaliser l'énergie de ses élèves, James Naismith, un professeur du Massachusetts aux États-Unis, invente en 1891 le basket-ball. Dès ses débuts, on y joue avec des paniers, mais de pêche. Le nom est tout trouvé : « le ballon panier », en anglais le *basketball*.
Le basket est présenté lors des Jeux de 1904 à Saint-Louis en exhibition. Il est officiellement reconnu comme discipline olympique en 1936, aux Jeux de Berlin, pour les hommes et en 1972, à Munich, pour les femmes. À partir de 1989, les joueurs professionnels sont sélectionnables pour participer aux Jeux, à condition de maintenir des amateurs dans l'équipe.

LES RÈGLES

Le basket oppose 2 équipes de 5 joueurs. Il faut, tout au long de 4 périodes de 10 min, marquer le plus de points possible (un panier rapporte 1, 2 ou 3 points en fonction de l'action et de la distance de tir). Attention, si les basketteurs peuvent marcher, plutôt que courir, il est interdit de faire plus de 2 pas sans dribbler.

PANIER MAGIQUE MAIS…

Lors des Jeux de Londres en 2012, l'Australienne Belinda Snell se distingue par un geste magique contre la France. Alors qu'il ne reste que 7 centièmes de secondes à jouer, Snell s'empare du ballon et le lance vers le panier français… depuis le milieu du terrain. Toutes les joueuses s'arrêtent pour regarder la balle d'abord rebondir sur l'anneau avant de terminer sa course en plein milieu du filet. Cette prouesse permet à l'Australie d'arracher les prolongations, mais ce n'est pas suffisant pour s'imposer contre la France, imbattable ce jour-là.

DREAM TEAM

Pour la 1re fois aux Jeux de Barcelone, en 1992, la sélection américaine de basket-ball aligne des joueurs professionnels, réunissant ainsi dans une même équipe les plus illustres basketteurs de l'époque (Michael Jordan, Magic Johnson, Larry Bird, Scottie Pippen, Charles Barkley...). Une équipe de rêve qui porte bien son nom : la Dream Team ! Un rêve aussi pour Christian Laettner, seul joueur universitaire de cette fabuleuse équipe. Sans surprise, ils remportent le titre olympique devant la Croatie.

POLÉMIQUE

Les Jeux de Munich en 1972 sont le terrain d'une énorme polémique lors de la finale de basket opposant une fois de plus les États-Unis à la Russie. Alors que les Américains prennent l'avantage à 3 s de la fin du match, l'arbitre siffle 2 s plus tard à cause d'un temps mort demandé par les Russes et oublié. Nouvelle remise en jeu. Les Russes ne marquent pas, les États-Unis sont champions. Mais, chose totalement improbable, un officiel décide de faire rejouer les 3 dernières secondes car le chrono était mal réglé... Un joueur russe arrive enfin à marquer, le match se termine et les États-Unis ont beau déposer une réclamation, ils perdent le titre 50 à 51. Pour protester, les Américains refuseront la médaille d'argent et ne viendront pas à la cérémonie.

COQ EN ARGENT

Dans un sport dominé par les États-Unis, il est bien difficile de se faire une place au soleil. Pourtant, la France réussit à terminer à la 2e place, face aux Américains, lors des Jeux de 1948 et réitère un demi-siècle plus tard, en 2000. Les basketteuses françaises réalisent elles aussi un bel exploit en terminant 2e en 2012, toujours face aux États-Unis.

LE BASKET... À LA PLAGE !

En 1936, l'équipe des États-Unis s'impose en finale face au Canada sur le score de 19 à 8. Mais les observateurs retiendront surtout l'exploit des joueurs qui ont évolué... sur du sable. Pour un sport où les dribbles sont essentiels, il y a vraiment de quoi devenir dingue !

SAINTES MAINS

Le Brésilien Oscar Schmidt, surnommé « Mão Santa » (la Main Sainte) grâce à sa formidable adresse au panier, détient le record du plus grand nombre de points marqués (1 093), réalisé en 5 participations olympiques ! Il serait également, officieusement car le record n'a jamais été homologué, le plus grand marqueur de tous les temps, toutes compétitions confondues, avec un incroyable 49 737 points marqués. Il a joué en professionnel jusqu'à 45 ans, encore un record !

HISTOIRE DE GÉANTS

Le joueur le plus haut perché des Jeux olympiques est le Chinois Yao Ming avec ses 2,29 m. En comparaison, le plus grand joueur de l'histoire de la NBA, Manute Bol, mesurait 2,31 m et le plus petit, Muggsy Bogues, 1,59 m, une taille parfaite pour passer entre les jambes des plus grands. La star française Tony Parker mesure 1,88 m. Pour la petite histoire, l'Américain JaVale McGee est le joueur aux plus grands pieds avec un bon 59 de pointure !

CHAMPIONS DES MÉDAILLES

Malgré la domination incontestable des Américains, le basketteur le plus médaillé est le Russe Gennadi Volnov avec 4 médailles (1 en or en 1972 à Munich, 2 en argent en 1960 et 1964, et 1 en bronze en 1968). Chez les femmes, c'est l'Américaine Teresa Edwards avec 5 récompenses, 4 en or (1984, 1988, 1996, 2000) et 1 en bronze (en 1992). Edwards détient également le record de la plus jeune médaillée d'or olympique de basket, à l'âge de 20 ans en 1984, et celui de la plus âgée, à 36 ans en 2000.

LA LÉGENDE DU BASKET

La star planétaire Michael Jordan a remporté 2 médailles d'or aux Jeux, l'une en tant que joueur universitaire, en 1984, l'autre en tant que joueur professionnel, en 1992.

LE PLUS GRAND NOMBRE DE POINTS EN 1 MATCH

Les États-Unis infligent une sévère correction aux basketteurs nigérians lors des Jeux de Londres en 2012, battant ainsi le record du plus grand nombre de points au cours d'un match olympique : 156. Le Nigéria n'était pourtant pas ridicule, malgré ce score fleuve, avec ses 73 points. Un autre record tombe ce jour-là, celui du plus grand nombre de points marqués par un joueur américain pendant un match olympique. Carmelo Anthony inscrit en effet 37 points, réalisant même 10 sur 12 aux tirs à 3 points, et tout ça en seulement 14 petites minutes.

Les États-Unis

♂	♀
14 victoires en 17 participations	7 victoires en 9 participations

FOOTBALL

Le football est né en 1830 en Angleterre. Mais ce n'est qu'en 1848 qu'il est organisé sous sa forme actuelle. Il fait sa 1re apparition aux Jeux olympiques en 1900, à Paris, comme sport de démonstration, avec des clubs qui représentent les pays. Le foot devient définitivement discipline olympique en 1908 à Londres. L'entrée des femmes a lieu seulement en 1996 à Atlanta. Les équipes masculines sont composées de joueurs amateurs ou professionnels âgés de 23 ans maximum, seuls 3 d'entre eux pouvant être plus vieux. Il n'y a aucune limite d'âge dans le tournoi féminin.

105 X 68 M

Voilà les dimensions d'un terrain de foot. Ce n'est pas rien, comme le prouvent les distances parcourues par les joueurs. Évidemment, tout dépend du poste, mais si en moyenne les gardiens parcourent l'équivalent de 5 km pendant un match de 90 min, les attaquants font environ 11 km et les milieux de terrain un peu plus de 12 km.

ILS ONT TOUT GAGNÉ... OU PRESQUE

Qualifié de meilleure nation du football, le Brésil a remporté toutes les compétitions internationales. Toutes, sauf une, les Jeux olympiques ! En 2016, devant son public, il sera probablement très difficile à battre.

ON NE CHANGE PAS UN PODIUM QUI GAGNE

L'édition olympique de 1912 voit monter sur le podium exactement les 3 mêmes équipes, et dans le même ordre, que l'édition de 1908 : Grande-Bretagne en or, Danemark en argent et Pays-Bas en bronze. Cela ne s'est plus jamais reproduit.

0

Comme le nombre de but encaissé par l'Argentine pendant toute la compétition en 2004, à Athènes, où elle est sacrée championne olympique.

CHAMPIONNE

Avec 3 médailles d'or (en 1952, 1964, 1968), 1 d'argent (en 1972) et 1 de bronze (en 1960), la Hongrie est la nation la plus récompensée aux Jeux olympiques en football.

LES EUROPÉENS PLUS FORTS QUE LE RESTE DU MONDE ?

Les équipes masculines européennes ont remporté 16 des 23 compétitions olympiques (dont la France en 1984). Mais elles sont en perte de vitesse, n'ayant plus gagné depuis 1992. Les équipes féminines européennes sont largement dominées par les Américaines, 4 fois championnes olympiques en 5 tournois. Seule la Norvège a réussi à les battre en 2000.

2 FINALES POUR UN SEUL TITRE

Les tirs au but pour départager les équipes qui terminent sur un match nul ne font leur apparition en compétition internationale qu'en 1970. C'est pourquoi, en 1928, la finale des Jeux d'Amsterdam, qui oppose l'Uruguay à l'Argentine, est jouée 2 fois, la 1re rencontre se terminant sur le score de 1 partout. L'Uruguay l'emporte alors 2 à 1. C'est la seule fois dans l'histoire olympique qu'une finale est rejouée. Depuis l'instauration des tirs au but, seule la finale en 2000 s'est conclue par une séance de tirs, avec le sacre du Cameroun face à l'Espagne.

HISTOIRE BELGE

Loin d'être une blague, le titre de 1920 est remporté par l'équipe belge sur disqualification de son adversaire. Les Tchécoslovaques, très mécontents de l'arbitrage qui, selon eux, cumule les erreurs, décident de faire du boudin en quittant le terrain. Oui mais voilà, dans le sport on ne fait pas sa mauvaise tête et encore moins aux Jeux olympiques. La sanction est radicale. La Belgique est déclarée championne. Une première... et une dernière aussi car ça ne s'est jamais reproduit.

FOLIE D'UN DICTATEUR

En 1936, Adolf Hitler, furieux de la défaite de l'Autriche en quart de finale, impose de faire rejouer le match, prétextant que des supporters péruviens ont envahi le terrain à la fin de la rencontre. Toute la délégation péruvienne décide alors de quitter Berlin.

LE TOUT 1er

Le tout 1er but officiel dans l'histoire des Jeux est attribué au Danois Nils Middelboe le 9 octobre 1908 contre la France.

TRÈS FÂCHÉ

En 1912, alors que la Russie vient d'être humiliée par l'Allemagne en perdant 16 à 0, le tsar Nicolas II pique une très grosse colère et refuse de payer le billet retour pour les joueurs. L'histoire ne nous dit pas comment ces derniers sont rentrés, mais ils ont probablement mis un peu plus de temps que prévu.

105 000

C'est le record de spectateurs ayant assisté à un match olympique de football. Il s'agit de la rencontre opposant le Mexique, qui joue chez lui, au Japon pour la 3e place en 1968. Une telle affluence n'y changera rien, les Mexicains perdront. Le record d'affluence sur l'ensemble de la compétition est atteint à Pékin, en 2008, avec 2 137 462 spectateurs, gigantesque !

UNIQUE DANS LE FOOT OLYMPIQUE

L'Américaine Carli Lloyd est la seule à avoir marqué tous les buts de son équipe dans 2 finales olympiques, remportées en 2008 et 2012. Aucun autre footballeur (hommes et femmes confondus) n'a fait aussi bien.

LA PLUS GROSSE DÉFAITE

La France détient un triste record, celui de la plus lourde défaite en compétition olympique. Face au Danemark en 1908, elle encaisse 17 buts et sauve, un peu, l'honneur en marquant un petit but qui évite l'humiliation totale. À cette occasion, le Danois Sophus Nielsen, en inscrivant 10 buts, établit le record du plus grand nombre de buts marqués par un seul joueur pendant un match.

LES PLUS JEUNES

Le plus jeune médaillé est le Ghanéen Samuel Kuffour, qui décroche le bronze en 1992 à même pas 16 ans. Le Camerounais Idriss Kameni devient le plus jeune champion olympique, en 2000, à 16 ans et 7 jours.

VIVA ITALIA

Le record de participations aux Jeux est détenu par l'Italie (15), qui n'a toutefois décroché le titre qu'une seule fois, en 1936. L'Italie détient également le record du plus grand nombre de matchs disputés depuis que le foot est officiellement reconnu discipline olympique avec 61 rencontres. Et pour enfoncer encore un peu plus le clou des records, l'Italie est aussi l'équipe ayant marqué le plus de buts avec 125 réalisations.

TRIPLÉ

Le Hongrois Dezsö Novák est le seul joueur triple médaillé olympique dans cette discipline. Le bronze en 1960 puis l'or en 1964 et 1968.

12 victoires consécutives aux JO : record réalisé par l'Argentine lorsqu'elle remporte 2 titres successifs en 2004 et 2008

HANDBALL

Il est difficile de trouver l'origine exacte du handball (*hand* comme main et *ball* comme ballon). Ce sport est avant tout un condensé de plusieurs jeux populaires comme l'uriana, qui date de la Grèce antique (balle que les enfants lançaient en l'air et qu'il fallait rattraper avant qu'elle ne touche terre), le raftball et le torball (sorte de balle au but), pratiqués en Allemagne par des équipes féminines, ou encore le handbold, organisé par le Danois Holger Nielsen dans les années 1910. Mais le handball moderne est surtout né chez nos voisins allemands en 1919 grâce aux efforts des professeurs Max Heiser et Carl Schelenz, qui en ont formulé les règles. Il se joue initialement dehors sur l'herbe. Petit à petit, les équipes seront réduites à 7 joueurs, rendant les parties plus dynamiques. Mais c'est bien le hand à 11 qui fait son apparition aux Jeux de 1936. Ça ne sera pas un gros succès. Le hand revient définitivement aux Jeux en 1972 pour les hommes et 1976 pour les femmes.

LE BALLON

Le ballon, enveloppé de cuir, a une circonférence allant de 58 à 60 cm et pèse entre 425 et 475 g pour les hommes. Il a une circonférence de 54 à 56 cm et pèse 325 à 400 g pour les femmes.

60 MIN

C'est la durée d'un match qui comprend 2 mi-temps de 30 min.

EN QUELQUES RÈGLES

Les joueurs peuvent utiliser les mains et les bras pour passer le ballon. Seul le gardien peut toucher le ballon avec ses jambes quand il fait des arrêts. Sinon, c'est strictement interdit. Une fois que le joueur a le ballon, il peut dribbler, le garder 3 s maximum et faire 3 pas puis tirer au but ou faire une passe, sinon il y a « marcher ». L'équipe gagnante est celle qui inscrit le plus de buts.

UN BUT INEXISTANT

En 2008 à Pékin, la Norvège affronte la Corée du Sud pour une place en finale. Un but marqué à la dernière seconde permet aux Scandinaves de remporter le match 29-28. Au hand, pour qu'un but soit accepté, la balle doit entrer dans les cages avant la fin du temps réglementaire. Les Sud-Coréennes contestent dès le coup de sifflet final la validité de ce but. Malgré une demande de prolongation et de vives protestations, les arbitres donnent la victoire aux Norvégiennes. Plus tard, une photo démontrera que la balle n'a pas passé la ligne avant la fin du temps imparti.

3 titres olympiques de suite : performance inégalée à ce jour réalisée par les Danoises (1996, 2000, 2004) (En cas de victoire en 2016, l'équipe de France masculine égalerait ce record)

44 à 10
La plus large victoire, remportée par les handballeurs yougoslaves face au Koweït (Moscou, 1980)

MULTINATIONAL

Andrei Lavrov est le seul triple champion olympique de handball, sous 3 maillots différents en plus ! Il remporte son 1er titre en 1988 à Séoul sous les couleurs de l'URSS. À Barcelone en 1992, il porte le maillot de l'équipe des États indépendants, constituée après l'éclatement de l'URSS, quand il gagne sa 2e médaille d'or au terme d'un match où il excelle contre la Suède. Enfin, à Sydney en 2000, il est le porte-drapeau de la délégation russe lors de la cérémonie d'ouverture. Lavrov obtient alors son 3e titre olympique à 38 ans. Il décrochera encore le bronze, aux Jeux d'Athènes en 2004, à plus de 40 ans.

LA FRANCE DES SURNOMS

Le parcours de l'équipe de France se voit à travers les surnoms qui lui sont donnés. En 1992, à Barcelone, la bande, connue pour faire la fête, est baptisée « les Bronzés », en référence aux personnages du film du même nom. Ils repartent avec une très sérieuse médaille elle aussi bronzée, la 1re de la France dans une compétition internationale. Les joueurs deviennent 1 an plus tard « les Barjots » pour leur côté foufou, puis « les Costauds », qui disputent une finale de championnat du monde épique, et enfin « les Experts », doubles champions olympiques (2008 et 2012). Ils ont fait de la France la 1re, et à ce jour la seule nation à détenir simultanément les 3 trophées majeurs (championnats d'Europe, du monde et Jeux olympiques), et ce à 2 reprises, en 2010 et en 2015. C'est enfin la seule formation de handball à avoir gagné 5 titres mondiaux (entre 1995 et 2015).

HANDBALL

EUROPE

Le handball est le 2e sport le plus joué en Europe et cela se voit dans les résultats olympiques. Hommes et femmes confondus, 20 des 22 pays à avoir remporté des médailles lors des Jeux sont européens. Seules la Chine et la Corée du Sud ont pu faire exception.

TITI

Pas de Grosminet ici. « Titi » est le surnom du plus titré des gardiens de l'équipe de France, Thierry Omeyer. Si le hand est avant tout un sport collectif où rien n'est possible sans l'équipe, il faut reconnaître que Titi a souvent été un acteur majeur dans la réussite des Bleus. Il impressionne par le nombre de ses arrêts et son charisme, au point d'être élu meilleur gardien des Jeux de 2008 avec 41 % de tirs stoppés en finale, énorme ! En 2015, à 38 ans, il obtient un 4e sacre mondial après un 2e titre olympique en 2012. Il est désigné, fait extrêmement rare pour un gardien, meilleur joueur de l'année.

HOCKEY

Le hockey sur gazon est l'un des plus vieux sports au monde. On jouait déjà avec un bâton courbé et un objet ressemblant à une balle il y a 4 000 ans en Égypte. Mais aussi dans l'Antiquité en Éthiopie, en Grèce ou à Rome. En France, ce sport arrive au Moyen Âge sous le nom de « crosse » ou de « hocquet », qui désigne un bâton de berger. Mais sa version moderne n'est créée qu'au XIXe siècle en Angleterre. Sa pratique est aujourd'hui très développée au Royaume-Uni, en Inde et au Pakistan (d'anciennes colonies britanniques où les Anglais ont exporté le hockey). Il est en démonstration aux Jeux de Londres en 1908 et revient définitivement en 1928 aux Jeux d'Amsterdam. Il faut attendre 1980 pour voir une compétition olympique de hockey féminin.

LES RÈGLES

Les parties de hockey opposent 2 équipes de 11 joueurs pendant 4 périodes de 15 min. Les joueurs utilisent une crosse pour frapper une balle de 22 cm de circonférence, qui pèse environ 160 g. L'objectif est de marquer le plus grand nombre de buts, qui ne sont valables que si le tir a lieu dans une zone en forme de demi-cercle devant la cage.

AU VOLEUR

Quand on gagne une médaille, il est normal de faire la fête. Mais attention, il faut toujours garder un œil sur sa récompense, sous peine de se la faire voler. C'est la mésaventure arrivée à la Britannique Hannah Macleod dont la médaille de bronze, obtenue en 2012, est subtilisée en pleine soirée. Heureusement, après avoir lancé un appel sur Internet pour la retrouver, c'est bien par la Poste qu'un beau jour elle lui est retournée.

ALLEMAGNE

L'Allemagne est le pays européen le plus titré aux Jeux en hockey masculin, avec 4 victoires, en 1972 (RFA), 1992, 2008 et 2012.

ARGENTINE

L'Argentine est le seul pays sud-américain à être médaillé olympique en hockey, grâce à son équipe féminine qui décroche l'argent en 2000 et 2012 et le bronze en 2004 et 2008.

L'INVITÉ SURPRISE

En 1980, en pleine guerre froide, 5 nations, dont les États-Unis, décident de boycotter les Jeux organisés à Moscou. C'est ainsi que le Zimbabwe est invité pour compléter le nombre de participants... Et à la fin du tournoi olympique, à la surprise générale, c'est bien cette équipe qui remporte la 1re médaille d'or féminine de la discipline.

MAUVAIS PERDANTS

Aux Jeux de Munich en 1972, l'équipe pakistanaise va se montrer très mauvaise perdante. Contestant tout au long de la partie les décisions de l'arbitre, les joueurs explosent quand le but de leurs adversaires ouest-allemands, le seul du match, est validé sur une action pourtant litigieuse. Les Pakistanais s'en prennent au maître du jeu ainsi qu'au président de la Fédération internationale à qui certains joueurs et supporters jettent de l'eau en pleine figure. Par provocation, lors de la cérémonie des récompenses, les joueurs se saisissent de leur médaille... pour la poser par terre et tournent le dos au drapeau germanique pendant l'hymne. La sanction ne tarde pas, hockeyeurs et dirigeants fautifs sont exclus à vie des JO ! Une sanction qui sera réduite ensuite, permettant à certains joueurs de participer aux Jeux 4 ans plus tard.

5

C'est le plus grand nombre de buts marqués par un seul joueur lors d'une finale. L'exploit est réalisé par Balbir Singh en 1952, à Helsinki, où l'Inde écrase les Pays-Bas 6 buts à 1.

NATIONS LES PLUS TITRÉES

En hockey masculin, l'Inde détient plusieurs records, dont le nombre de titres (8), de participations (19) et de matchs joués (120). Le hockey féminin est dominé par l'Australie et les Pays-Bas avec 3 titres chacun.

LES TOMBEURS

En battant l'Inde en finale des Jeux de 1960 à Rome, le Pakistan met fin à 32 ans d'invincibilité, un véritable record de longévité et un record absolu tous sports confondus.

UNIVERSEL

Le hockey est le seul sport collectif à avoir des champions olympiques sur tous les continents : européen (Allemagne, Grande-Bretagne, Espagne, Pays-Bas), américain (États-Unis), asiatique (Inde, Pakistan), africain (Zimbabwe) et océanien (Nouvelle-Zélande, Australie).

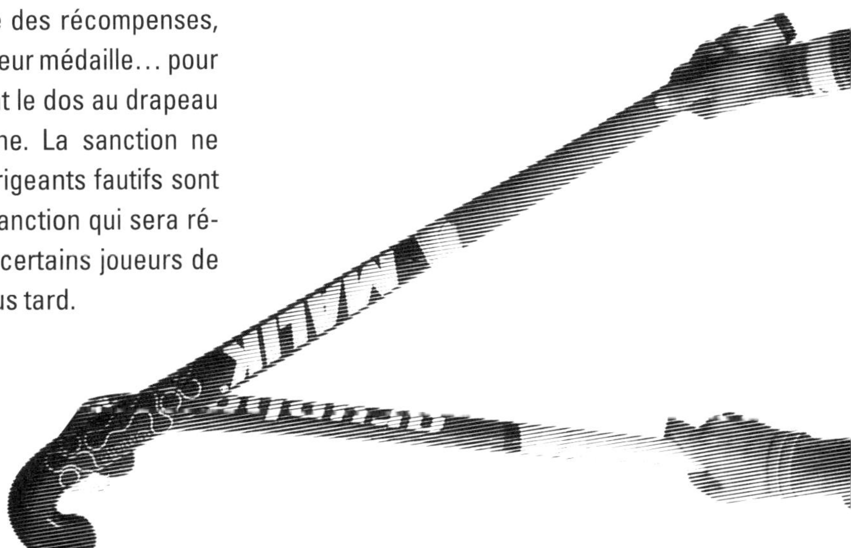

RUGBY À VII

Le rugby fait enfin son retour aux Jeux olympiques en 2016, à Rio, mais dans sa variante à VII et non plus à XV pour favoriser le spectacle et attirer le public. Il y aura 2 compétitions, une masculine et une féminine.
Le rugby à XV est un sport olympique à compter de 1900, à Paris. Pierre de Coubertin est un fan de la balle ovale, il a même arbitré la 1re finale du championnat de France, opposant le Stade Français et le Racing, en 1892. Disputé à 4 reprises jusqu'en 1924, ce tournoi est ensuite retiré du programme olympique. Il y a de nombreuses tentatives pour le réintégrer, mais rien n'y fait.

LES ORIGINES DU RUGBY À VII

Ce sport est né en Écosse en 1883. Les 2 bouchers de la ville de Melrose, dans la région des Borders, au sud du pays, adorent le rugby. Mais les caisses du club sont un peu vides. Ils décident d'organiser du rugby spectacle : seulement 7 joueurs, des parties de 15 min, un jeu résolument offensif, les phases statiques (mêlée, touche, maul) réduites au minimum. Toutes les actions sont dynamisées et le succès populaire est là.

LE DÉVELOPPEMENT INTERNATIONAL

1973 : le 1er tournoi international à VII se déroule sur la pelouse de Murrayfield, stade mythique de l'Écosse, pour célébrer le 100e anniversaire de la Fédération écossaise de rugby. 8 nations s'affrontent. 20 ans plus tard, pour la 1re Coupe du monde à VII, 24 sélections nationales sont présentes.

L'ÉQUIPE DU VII

Le VII se pratique sur le même terrain que le XV. Chaque équipe est composée de 7 joueurs, comme l'indique le nom du sport. 2 piliers et 1 talonneur forment les mêlées, véritables phases de lancement de jeu. Derrière, il faut que le jeu soit très rapide pour déborder l'adversaire : 1 demi de mêlée, 1 demi d'ouverture, 1 centre et 1 ailier-arrière. Une partie se joue en 2 mi-temps de 7 min chacune, avec 2 min de pause entre les 2.

LES QUALIFIÉS

12 équipes se sont qualifiées dans chaque compétition. La France réussit à être présente chez les hommes et chez les femmes. Toutes les grandes nations du rugby sont là, avec quelques surprises, comme le Kenya, qui a toujours pratiqué le rugby à VII.

LE RUGBY AUX JO DE 1900

3 participants pour cette édition : Allemagne, Grande-Bretagne et France. Les Allemands sont représentés par le club de Francfort, les Britanniques par le club de Mosley. L'équipe de France est composée des meilleurs éléments des clubs parisiens du Racing et du Stade Français. La France est sacrée championne olympique grâce à ses victoires contre l'Allemagne (27 à 17) et la Grande-Bretagne (27 à 8).

LE RUGBY AUX JO DE 1908

Pas de rugby aux JO de 1904, à Saint-Louis, les déplacements sont trop longs et trop onéreux. Dans ces Jeux de 1908, à Londres, une seule rencontre a lieu entre le Royaume-Uni et l'Australie, alors en tournée en Europe et qui est invitée à participer. L'Australie devient championne olympique en écrasant les Britanniques 32 à 3. La médaille de bronze n'est pas attribuée.

LE RUGBY AUX JO DE 1920

Pas de rugby aux JO de 1912. En 1920, suite à la défection de la Roumanie et de la Tchécoslovaquie, et au refus de participer des Britanniques, le rugby ne figure pas au programme. Les Américains débarquent par surprise aux JO d'Anvers avec une équipe composée essentiellement d'étudiants d'universités californiennes. Les organisateurs belges font appel aux Français, seuls disponibles pour monter une équipe rapidement. Sans préparation, les Français perdent 8 à 0. C'est le 1er sacre des États-Unis. Plusieurs joueurs en profitent pour s'inscrire à des épreuves d'athlétisme. Ainsi l'Américain Morris Kirksey se classe 2e du 100 m et remporte l'or sur 4 x 100 m. Une revanche est organisée le mois suivant contre la même équipe américaine en tournée en Europe. Les Français gagnent 14 à 5, mais ce sont bien les États-Unis les champions olympiques.

LE RUGBY AUX JO DE 1924

3 équipes sont inscrites pour ce tournoi. La Roumanie ayant perdu ses 2 matchs contre la France et les États-Unis, les 2 favoris s'affrontent dans une finale très attendue sur le terrain de Colombes. 20 000 spectateurs sont présents. L'ambiance est houleuse, plusieurs bagarres générales éclatent. Mais les Américains obtiennent leur 2nde couronne, battant la France 17 à 3. Cette finale sonne le glas du rugby, les organisateurs étant offusqués par tant de violence, d'autant que son plus ardent défenseur, Pierre de Coubertin, a quitté les institutions olympiques.

VOLLEY-BALL

Le volley-ball est un des sports les plus populaires au monde, puisqu'on compte 350 millions de pratiquants. Il est inventé aux États-Unis en 1895 par un professeur d'EPS, William G. Morgan. Mais il n'est inscrit au programme officiel des Jeux qu'en 1964, à Tokyo, aussi bien pour les hommes que pour les femmes.

LA « MINTONETTE »

C'est le 1er nom donné à ce sport par Morgan, de l'anglais *mint* (« frapper ») et d'un suffixe à consonance française. La mintonette est issue à la fois du basket et du tennis, car Morgan veut à tout prix éviter les contacts entre adversaires, alors il installe un filet entre eux. Mais la mintonette est rapidement débaptisée par les observateurs qui vont l'appeler volley-ball, de l'anglais *volley* (« faire voler »), dans la mesure où la balle ne doit jamais toucher le sol. Le volley va être découvert en Europe après la Première Guerre grâce aux troupes américaines qui distribuent plusieurs milliers de ballons à leurs alliés et à la population locale. Le volley est sport de démonstration aux JO de Paris, en 1924.

LE TERRAIN

Le volley se pratique sur 2 carrés de 9 m de côté (1 pour chaque équipe), séparés par une ligne centrale munie d'un filet haut de 2,43 m pour les compétitions masculines et de 2,24 m pour les féminines. Les équipes sont composées de 6 joueurs.

LE BALLON

D'une circonférence de 65 cm, il pèse 270 g (gonflé). À titre comparatif, un ballon de foot a une circonférence de 70 cm mais pèse nettement plus lourd : entre 410 et 450 g.

LE GESTE DÉFENSIF

Quand, en dernier recours, le défenseur plonge à terre pour passer sa main sous la balle et éviter qu'elle touche le sol, ce geste est appelé le « Corse ». Il semblerait que le corps, dans cette position, ait la forme de l'île de Beauté. Les anglophones sont plus explicites, ils le nomment « pancake », ou comment s'écraser comme une crêpe !

POURQUOI UN JOUEUR PORTE-T-IL UN MAILLOT DIFFÉRENT DE SES PARTENAIRES ?

Beaucoup pensent que c'est le capitaine, mais non, c'est un simple joueur, au rôle cependant particulier. Depuis 1998, ce libéro ne peut jouer qu'à un poste d'arrière, il est chargé de réceptionner les services adverses et de redistribuer au mieux la balle. La création de ce poste avait pour objectif de favoriser les longs échanges en renforçant le secteur défensif et d'ouvrir le jeu à des gabarits plus modestes que les joueurs d'attaque.

LE JOUEUR LE PLUS GRAND

Le joueur le plus grand, à l'heure actuelle, est Dmitri Muserski : 2,18 m. Il est membre de l'équipe russe championne olympique en 2012.

Pays les plus titrés

	♂	♀
1	Russie (4)	Russie (4)
2	États-Unis (3)	Cuba (3)
3	Brésil (2)	Brésil, Japon et Chine (2)

L'ENTRAÎNEUR FOU

Hirofumi Daimatsu est le coach de l'équipe féminine japonaise en 1964, pour l'introduction du volley aux JO. L'entraînement est très sévère, suivant un rythme dingue : 6 h quotidiennes, 7 jours sur 7. Il ne tolère aucune fréquentation pour les filles de son équipe. Tout y passe : pression psychologique intense, intimidations, brimades physiques. Le résultat est là : le Japon gagne le titre olympique féminin sur ses terres, à Tokyo, mais à quel prix !

MAGNIFIQUE KIRALY

Karch Kiraly est un des meilleurs joueurs de l'histoire du volley. Il se fait remarquer durant ses études, quand il joue pour l'université de Californie (UCLA), et il rejoint l'équipe des États-Unis. À Los Angeles en 1984, les volleyeurs américains gagnent le titre de champion olympique et Kiraly est un des éléments moteurs. Il devient capitaine. En 1988, à Séoul, les États-Unis dominent leur sujet, remportant l'ensemble des rencontres. Et c'est une 2e médaille d'or à son palmarès. Il va ensuite se tourner vers le beach-volley…

3 COURONNES

Mireya Luis Hernandez est une joueuse cubaine. Elle devient championne olympique avec son équipe à Barcelone, en 1992. Elle double la mise à Atlanta, en 1996. Elle traîne un mal de dos récurrent et, à 1 an des JO de Sydney, elle est obligée de se faire opérer. Les médecins pensent qu'elle ne pourra pas récupérer à temps pour participer aux Jeux de l'an 2000. C'est mal connaître l'esprit de compétition de Mireya. Elle revient au plus haut niveau et conduit son équipe vers une 3e médaille d'or. Cuba est le seul pays à avoir gagné 3 titres consécutifs.

BEACH-VOLLEY

Le beach-volley (littéralement volley de plage) apparaît en Californie en 1920. Il devient sport olympique à Atlanta, en 1996, après avoir été sport de démonstration en 1992, à Barcelone.

LE TERRAIN

Le beach-volley se joue sur 2 carrés de 8 m de côté (à peine plus petits qu'au volley) séparés par un filet de même hauteur, mais en extérieur sur un terrain composé de sable, qui rend les déplacements plus difficiles. Au volley, la surface couverte par chacun des 6 joueurs est de 13,5 m^2, au beach-volley, c'est beaucoup plus : 32 m^2, car ils ne sont plus que 2 joueurs.

LE BIKINI POUR LES FEMMES

Élément folklorique sexy pour beaucoup, le bikini n'est plus obligatoire depuis 2012. Pour respecter la législation parfois prude de certains pays, les joueuses sont autorisées à pratiquer leur sport en tee-shirt et short, voire à porter des collants en cas de température basse (moins de 16 °C).

LA TAILLE

La taille moyenne des hommes est de 1,96 m. Le plus grand est le Néerlandais Christiaan Varenhorst : 2,12 m, et le plus petit, l'Américain Nick Lucena : 1,75 m.

La taille moyenne chez les femmes est de 1,80 m. La plus grande est une Canadienne, Sarah Pavan : 1,96 m, et la plus petite, sa compatriote Heather Bansley : 1,70 m. Toutes deux jouent ensemble !

PAS TOUT JEUNES !

Ce sont souvent d'anciens très bons joueurs de volley-ball qui se mettent à la pratique du beach-volley. Du coup, l'âge moyen est assez élevé : 32 ans chez les hommes et 29 ans chez les femmes.

LE RETOUR DE KARCH KIRALY

Celui qui a déjà été champion olympique à 2 reprises en volley devient le 1er médaillé d'or de ce sport, avec son compère Kent Steffes, en 1996, à Atlanta. Il a 36 ans. Il arrête sa carrière sportive à l'âge de 47 ans avec le plus grand palmarès du beach-volley : 144 victoires sur le circuit professionnel.

OBJECTIF RIO

Le Brésilien Emanuel Rego a participé à 5 Jeux consécutifs. Il gagne le titre en 2004, à Athènes, avec Ricardo Santos (déjà médaillé d'argent à Sydney). Il se contente de la 3e place à Pékin, en 2008, mais se classe 2e à Londres, en 2012. Il espère bien disputer ses 6es Jeux à Rio, dans son propre pays. Après tout, il n'a que 41 ans !

LA POISSE !

La Brésilienne Shelda Bede a un accident de voiture à l'âge de 18 ans. Les muscles de sa main droite sont endommagés. Elle envisage alors d'arrêter le sport, mais l'envie est la plus forte. En compétition, elle porte toujours un gant protecteur de couleur noire. Elle forme une paire redoutable avec Adriana Behar. Sur le circuit professionnel, elles ont tout gagné. Mais la réussite aux JO les fuit, elles ne remportent que l'argent à 2 reprises : en 2000, à Sydney, et en 2004, à Athènes.

LE TRIPLÉ MAGIQUE

Une autre accidentée, mais d'un genre différent : auréolée de gloire, Misty May-Treanor se blesse gravement au tendon d'Achille en participant au show télévisé américain « Danse avec les stars ». En 2004 et 2008, elle a gagné avec sa compatriote Kerri Walsh 2 médailles d'or olympiques au beach-volley. Elle pense sa carrière terminée. Kerri cherche une autre partenaire pour les JO de Londres en 2012. Quel dommage de briser une si belle équipe, elles se connaissent depuis l'école. Misty se remet à l'entraînement. C'est dur, très dur, mais la paire américaine réussit l'exploit de ramener une 3e médaille d'or consécutive à la maison.

Les grandes nations

♂	♀
États-Unis : 3 titres sur 5 et 1 médaille d'argent	**États-Unis :** 3 titres consécutifs, 1 médaille d'argent et 1 de bronze
Brésil : 1 titre, 3 médailles d'argent et 1 de bronze	**Brésil :** 1 titre, 3 médailles d'argent et 2 de bronze

Crédits photographiques :
Toutes les photographies sont de l'agence Shutterstock ou DR, à l'exception de :
Charlie Crowhurst/OFFSIDE/PRESSE SPORTS p. 22
Charlie Crowhurst/OFFSIDE/PRESSE SPORTS p. 110
Rob Schumacher/US PRESSWIRE/PRESSE SPORTS p. 136
Jerry Lai/US PRESSWIRE/PRESSE SPORTS p. 178
James Lang/USA TODAY SPORTS/PRESSE SPORTS p. 198
MARC CHAMPERRET/PRESSE SPORTS p. 218

Achevé d'imprimer en Espagne en avril 2016